远飞的翅膀

唐合萍 著

臧运宁 摄

中国铁道出版社有限公司
CHINA RAILWAY PUBLISHING HOUSE CO., LTD.

图书在版编目（CIP）数据

远飞的翅膀 / 唐合萍著；臧运宁摄. 一北京：中国铁道出版社有限公司，2020.7（2021.2 重印）
ISBN 978-7-113-26765-0

Ⅰ. ①远… Ⅱ. ①唐… ②臧… Ⅲ. ①散文集－中国－当代 Ⅳ. ① I267

中国版本图书馆 CIP 数据核字（2020）第 055188 号

书　　名：远飞的翅膀
YUANFEI DE CHIBANG
著　　者：唐合萍
摄　　影：臧运宁

策划编辑：聂浩智
责任编辑：王　宏
版式设计：盛世美文
责任印制：赵星辰

出版发行：中国铁道出版社有限公司（100054，北京市西城区右安门西街 8 号）
印　　刷：中煤（北京）印务有限公司
版　　次：2020 年 7 月第 1 版　2021 年 2 月第 3 次印刷
开　　本：710mm × 1000mm　1/16　印张：11.75　字数：240 千
书　　号：ISBN 978-7-113-26765-0
定　　价：48.00 元

爱，总会相遇

唐合萍是我家乡的文学名士，山东省作家协会会员，常有诗歌、散文、小说在文学刊物发表。但我并不熟悉她，是她的散文集《远飞的翅膀》让我们相识。

诸城历史上是一个生物多样性极其丰富的地方，恐龙涧出土了在全国首屈一指的恐龙化石，足以证明这里曾经是动物的王国。苏轼的名篇《密州出猎》作于诸城，也说明像苏轼这样的文人都能够狩猎颇丰，可见飞禽走兽之多。但在我的记忆中，这里野生动物种类越来越少了。唐合萍和她们的野生动物保护协会的朋友们在竭诚为保护家乡的野生动物而努力。

唐合萍新著《远飞的翅膀》，是一本介绍鸟类的散文集，几十篇美文中，有我熟悉的家乡的麻雀、喜鹊、莺子、翠鸟；有国家级珍稀鸟类朱鹮；有域外飞鸿，生活在国外的火烈鸟、鸵鸟等，都在一个女性特有的细腻的笔触下，栩栩如生，再加上臧运宁先生的摄影插图，更让人对这本书爱恋不舍。

人类是从自然中走来的，人与自然是生命共同体，就人的生物特性而言，人类和唐合萍记述的这些可爱的鸟儿是同命者，爱护鸟类，爱护自然，就是爱护人类自己。

鸟儿欢唱是春天的象征，美国科普作家蕾切尔·卡逊女士创作的一本《寂静的春天》，开启了近代环保主义和自然保护运动。我相信，这本散文集也会让更多的人，特别是青少年自发爱鸟护鸟，热爱大自然。

爱，总会相遇。热爱自然，你会遇到唐合萍这样的自然卫士，也会遇到她笔下那些可爱的精灵。

赵树丛

2020年元旦于北京

目录

从第一只鸟说起

鸟是生物界中最有特色的动物之一。

它们拥有美丽的羽毛，流线型的身姿，掠过天空时，使天空变得更加绚丽多彩。世界上从第一只鸟儿出现，天空便不再暗哑，大地也不再寂寞。

人类一直苦苦寻觅这一神秘物种的起源，却由于化石的匮乏，成为令人头疼的谜团。直到1860年后，德国发现始祖鸟的化石，才揭开鸟类发展的层层面纱。

1996年初，在辽宁北票地区发现了一种珍稀的鸟类化石。同年10月，古生物学家将它正式命名为“中华龙鸟”，这一重大发现引起了国际科学界的极大关注。

始祖鸟
绘图：张尊

这只被命名为“中华龙鸟”的化石，其实只是一只从恐龙向鸟类进化的过渡性动物。它嘴里还有锐利的锯齿样的牙齿，尾巴长，前肢短，后肢长而粗壮。严格地说，它还只是一只小型的兽脚类恐龙，之所以将它划归为最原始的鸟类，是因为它身上已经具有“纤维状”的皮肤衍生物，这就是原始羽毛。

这是生存的需要，还是鸟儿更向往蓝天的自由，我不得而知。我更相信是鸟儿抵挡不住天空的诱惑，不满足于在陆地生活，经过千万年进化，才从最初羽毛的衍生，发展到用翅膀在天空抒写自己的理想。

自然界中，每一只鸟儿，都有着不为人知的进化过程。爱美的孔雀披一身华丽的五彩锦缎；弱小的麻雀有着灵敏的身姿；白天视力不佳的猫头鹰，夜间的视力却是人的一百倍，因为眼球不能转动，大自然赋予了它们极端灵活的脖子。

在进化过程中，不知经过多少优胜劣汰的筛选，才形成现在这个多姿多彩的世界。惯于使用拿来主义的人类，从鸟儿的形态中得到启发，有了各种形形色色的发明，毫不夸张地说，在这些发明创造中，鸟儿功不可没！

莱特兄弟通过观察鹰的飞翔姿态，制造出滑翔机；鸽子的腿上，有一个小巧灵敏能感受地震的特殊结构，人们根据这个原理，研制出一种新的地震仪，使地震预报更加准确。鸽子这种特殊结构，并不是为人类研制地震仪而生，而是为了在自然灾害面前，它们能及早发现危险，更利于逃生。

鸟儿给予了人们无穷的智慧与启迪，可是从什么时候开始，人类将杀戮的利剑对准这些可爱的生灵？我不敢设想，假如天空中没有鸟儿飞翔，假如世界上没有鸟儿清脆的鸣叫，世界将会是一个什么样子？

保护自然界中的每一个生灵，我们责无旁贷。在这一点上，古人已经为我们做出了榜样。明正德年间，居山东诸城普庆村的张泰，性格豪放善于打猎，有一次，他射下一只仙鹤，本想烹而食之，却发现鹤腿上有一块银牌，上面标有“元至正年间”的字样。且不说从元至正年到明正德经历了多少年，单是从这银牌上，可以看出此鹤并非第一次被猎，既然先人猎而放之，张泰为什么不能？由此，张泰毁掉猎具，不再打猎，率子孙建“放鹤园”，筑“放鹤亭”，每日攻读诗书，从此以后，张氏家族始成耕读人家，历代文人辈出，“放鹤公张泰”名号由此而来，普庆村也被冠以放鹤村。

孔子的女婿公冶长，据传懂鸟语。何谓鸟语？顾名思义，鸟儿的语言。何谓懂？何谓不懂？我认为所谓懂鸟语，无非是与鸟儿共同生活之后，彼此心领神会达到默契罢了，能与鸟儿心领神会，如果不是用十足的爱心对待它们，而是持枪携弩地捕杀，它们躲你还来不及呢！又怎能与你心神交会？

我生长在这片广袤的土地上，耳濡目染这些温暖故事，内心既有敬畏又有钦佩。我的家乡——诸城，地处泰沂山脉与胶潍平原交界处。逶迤连绵的山脉，被丰厚的植被覆盖，温暖湿润的气候，孕育了种类繁多的生物。当风漫过低矮的山峰，吹来的不仅仅是春天的气息，还有那些北归的鸟儿，它们鸣叫着，寻找去年的旧巢穴，蛰伏了一冬的虫儿，也纷纷从地里钻出来，为春天增添亮丽的色彩。

潍河是贯穿诸城境内一条重要的河流，这条古时称为潍水的河流，曾经葳蕤丰盛。春天的风，吹开河里的第一层冰，耐不住寂寞的鸟儿，纷纷破巢而出，在河边，在芦苇丛，它们啄食、嬉戏、觅偶，等待繁殖季节的到来。

麻雀是这里的常住居民，即使在严寒的冬天，也经常见到它们轻盈的身影。相比较麻雀来说，小燕子显然要稀罕得多，它们在春天的某个清晨飞来，又在秋天的某个黄昏，不经意间离去。常居于此的喜鹊和仿佛只在雪夜里才能见到的山鸡，也是这里不可或缺的一种。像鸳鸯、天鹅、大雁这种候鸟，则很少能见到，只有在秋天的高空中，听它们鸣叫着从居住的上空飞过。

无论哪一种生物，都是大自然中不可或缺的生灵，是与我们一样，拥有生存权利的物种，是需要我们倾尽全力保护的生命。

送子鸟
——白鹳

英 文 名： White Stork

分布区域： 俄罗斯东南部，以及中国的东北地区。

保护级别： 列入《世界自然保护联盟濒危物种红色名录》濒危级；东方白鹳属国家一级保护动物；中国《国家保护的有益的或者有重要经济、科学研究价值的陆生野生动物名录》。

在欧洲，人们喜欢把白鹳称为送子鸟，被认为是“带来幸福的鸟”，是吉祥的象征。

白鹳喜欢在屋顶或烟囱上筑巢，欧洲很多家庭，特地在烟囱上筑造平台，以方便白鹳们筑巢时使用。由此可见，白鹳在当地百姓的心中占有非常重要的地位，除此之外，它还是德国的国鸟。

在中国，白鹳又称为东方白鹳。它跟西方白鹳的最大的区别在嘴巴上，东方白鹳的嘴巴是黑色的，眼周皮肤红色，体积要比西方白鹳更大，脾气也比西方白鹳大得多。因此，它不像西方白鹳那样，喜欢与人群共居，更喜欢把巢穴筑在远

离人群的大树上。

白鹳的巢，如果今年不被破坏，明年归来时，它们还会继续使用，只是它们要把旧居精心修缮一番，在年复一年的使用、修缮过程中，它们的巢穴变得非常庞大，有的高达两米多。在鸟类巢穴中，白鹳的巢可以用巨大来形容。它们巢穴的外表由干树枝堆集而成，里边垫有枯草、绒羽和苔藓，也有的没有任何内垫，距离地面通常在3~17米之间。它们营巢时间从3月中旬开始，至3月末竣工。雌雄共同劳动，但雄鸟负责外出寻找和运送巢材，雌鸟留在巢上筑巢。用人类的分工来说，雌鸟才是真正的建筑师，雄鸟只是一个搬运工。

本来，东方白鹳在东亚地区是常见的鸟类，只是由于狩猎以及农药化学的污染，生存环境发生变化，东方白鹳的数量急剧减少，分布在朝鲜、韩国的繁殖种群，更是于20世纪的70年代绝灭。2009年全世界统计的东方白鹳野生种群不到3000只，在我国的洪河国家级自然保护区有262只，在湖北武汉沉湖发现的越冬群体达900多只，这是至2012年来发现的最大的东方白鹳群体。

白鹳是迁徙性鸟类，通常以几只或十几只聚集在一起生活。每年3~4月份从长江中下游的越冬地，飞往我国的东北部和西伯利亚东南部繁育后代；9月末至10月初开始陆续离开繁殖地，向南迁徙，到11月中下旬才全部迁走。

潍河流域地处泰沂山脉与胶潍平原交界处，境内属暖温带大陆性季风区半湿润气候，四季分明，光照充足。年平均气温12℃，降水量776毫米。这样的气候，适合奔波的鸟儿，在这里做短暂停留。潍河湿地公园，曾是东方白鹳迁徙路线上的中停地之一，它们在这里补充能量，以便完成漫长的南迁之旅。

从热带地区回到繁殖地的白鹳们，通常并不立即进入繁殖地，它们先在开始融化的河流、湖边觅食，寻找筑巢的位置。寻找到合适的位置，从3月下旬才开始分散成对，进入各自的繁殖地开始繁衍。

4月份是雌鸟产卵的季节，它们一窝产3~5枚，重150克左右，孵卵则雌雄共同负责。以雌鸟为主，大约经过31~34天，雏鸟才完全孵化成功。刚孵出的雏鸟，全身披有浅棕色绒羽，嘴是黑色的。出生55天后，小白鹳即可在鸟巢附近作短距离飞翔。60~63天以后成长为成鸟，随亲鸟飞离巢区后，此后便独立门户不再回家。

被欧洲尊称为送子鸟、奉为德国国鸟的白鹳，在中国的地位却相当尴尬。说白了，都是仙鹤惹的祸。

在古代，鹤是一品官服上的祥瑞之鸟，也就是说，带有仙鹤图案的官服，是一品官员的象征。因此，如果家中突然有鹤来访，寓示着这家要有人当大官了。话说曾经有位隐士，出门之前忽然从天上飞下两只白鸟，在他身边翩翩起舞，众人都以为是仙鹤，一并祝贺："有鹤来舞，必升高官。"此人也一脸得意，谁知人群内竟有人说："哪是什么鹤，分明是只鹳。"虽是一句实话，却令热烈的气氛顿时冷场。

关于鹳与鹤的区别，还有一个传说：从前一个陕西人，无意中得到一只鹳，他每日好水好饭地伺候着，倒也把它伺候得精神十足。虽然它不会像鹤那样鸣

叫，虽然它只比鹤矮一点点，虽然它头上没有红丹，虽然它的嘴巴宽一点，虽然它背上的黑点多一点，脚更红一点，寿命比鹤也就短了那么二三十年。可这个陕西人还是把它像宝贝似得供养着，管它是鹳还是鹤，谁叫人家喜欢呢？

有一天，有位仙人看到这只鹳如此精神，正好自己也没有坐骑，就借来骑着到天上去朝见玉皇大帝。到了天宫，它看到天宫的胜景，一时得意忘形大叫起来。它不叫时倒也没人注意它不是鹤，这一叫，众仙家才注意到原来它是一只鹳。玉皇大帝一生气，不但这位仙人受到责罚，还立即将它杀了。

虽然这只是一个传说，我还是为这只鹳感到惋惜，本来主人珍宝似地供养着它，此番却平白无故地丢掉性命，母亲在给我讲这个故事的时候，目的是劝诫我少说话，才不会惹祸上身，我虽没跟母亲辩论，但在心里是有十万个不服，凭什么因为物种的不同，就将它杀害，更何况鹳还是助仙为乐呢。

无论是鹤还是鹳，都是在自然界中不断进化而来的生物，在漫长的进化过程中，人与人之间都有差别，更何况一只鸟呢？

相关知识：

白鹳是大型涉禽。其羽毛以白色为主，翅膀具黑羽，成鸟具细长的红腿和细长的红喙，仅有两个亚种，大小略有不同。嘴长而粗壮，在高树或岩石上筑大型的巢，飞时头颈伸直。白鹳在欧洲是非常有名的鸟，常常在屋顶或烟囱上筑巢。为食肉动物，其食性广，包括昆虫、鱼类、两栖类、爬行类、小型哺乳动物和小鸟。觅食地大部分为具低矮植被的浅水区。一夫一妻制，但非终生。雌鸟通常每年产4枚卵，孵化需33~34天，58~64天后出巢。

爱情鸟
——鸳鸯

英 文 名： Mandarin Duck

分布区域： 分布于中国、日本、韩国、朝鲜、俄罗斯等地。

保护级别： 列入《世界自然保护联盟濒危物种红色名录》无危机；国家二级重点保护动物。

在古代，最早是把鸳鸯比作兄弟的。“昔为鸳和鸯，今为参与商”的诗句，是描写兄弟间不能相见之意。

以鸳鸯比作夫妻，最早出自唐代诗人卢照邻的《长安古意》，诗中用“得成比目何辞死，愿作鸳鸯不羡仙”之句，用来讴歌美好的爱情，以后的文人竞相效仿。

每年早春的水面上，经常看到出双入对的鸳鸯，它们相互嬉戏，时而跃入水中，引颈击水，时而爬上岸边，抖落身上的水珠，用橘红色的嘴，精心地梳理着华丽的羽毛。

此情此景，自然勾起文人墨客的翩翩联想。自唐朝李白留下“七十紫鸳鸯，双双戏庭幽”的诗句后，鸳鸯在人们的心目中成为爱情的象征，白头偕老的表率。甚至以为鸳鸯一旦结为配偶，便陪伴终生，即使一方不幸死亡，另一方也不再另觅配偶，而是孤独凄凉地度过余生。

我不知道人们受了多大的蒙蔽，才将美好的爱情赋予在鸳鸯身上。其实在生活中，鸳鸯并非总是成对生活，配偶更非终生不变。如果雌鸟有了孩子，雄鸟则会利用这个机会，出去寻欢作乐，甚至寻找新的配偶。若是一方不幸死亡，另一方只是伤心几天，就另觅新欢了。在对待爱情这件事上，鸳鸯是一个货真价实的大骗子，即使如此，人们仍然固执地把它命名为爱情鸟。

不管人类对它如何品评、定位，在自然界中，鸳鸯依然坚持着它的繁衍生息。每年早春时节，就开始寻觅伴侣了，一旦找到知音，即成双成对地出入于水田或栎树林中，偶尔也到水塘活动。

鸳鸯活泼好动又生性机敏。饱餐之后，它们总要在林地上玩耍，这时，会有一对鸳鸯担任警戒的任务，它们在栖息地上空盘旋侦察，确认没有危险之后才招呼伙伴们降落。如若发现异常，就会发出“哦儿哦儿”的报警声，与同伴一起逃离。

到了四月，北方的积雪尚未融化，鸳鸯就急不可耐地飞越平原高山，来到长白山等地繁殖，北方地区，大多数鸳鸯是候鸟，只有南方的有些山区里，才有留守的鸳鸯。

早上的晨雾还未散尽，鸳鸯就成群结队地从巢穴中出来，聚集到水塘上，它们把积聚了一整夜的精力，全部用来漂游嬉戏，等玩够了才到树林中觅食。鸳鸯是一种杂食动物，它们吃植物的根、茎、叶子、种子，也吃蚊、虫、苍蝇和小虾、蜗牛、蜘蛛等。

鸳鸯对巢穴的要求非常严格，它们的巢，筑在离地面很高的水曲柳、大青杨等树的树洞中，树洞中垫有木屑、绒羽。建好巢穴之后，雌鸟开始产卵，一般一窝7~12枚左右。这些卵不用一个月的时间，就会孵化成小鸳鸯。

刚刚从蛋壳里出来的小鸳鸯，第二天就能从树洞里跳出来，跟在妈妈身后下水游泳。这时常常见到七八只雏鸟在水中嬉戏，它们的父亲，已经为越冬做准备了。九月末或十月初，换上新装的鸳鸯，成群结队地离开繁殖地，飞往南方过冬，来年的三月末至四月初，它们再次回到北方。

相关知识：

鸳鸯，鸳指雄鸟，鸯指雌鸟。春季经过山东、河北、甘肃等地到内蒙古东北部及东北北部和中部繁殖；越冬在长江中、下游及东南沿海一带。该鸟为我国著名的观赏鸟类。一般生活在针叶及阔叶混交林附近的溪流、沼泽、芦苇湖泊等处，因近些年人类活动范围的扩大，导致适宜鸳鸯生活的环境受到极大破坏，从而使鸳鸯的数量明显减少。1989年被定为国家二级重点保护动物。

忠诚与高贵的化身

——天鹅

英 文 名： Swan

分布区域： 除非洲、南极洲外，全世界均有分布。

保护级别： 国家二级重点保护动物。

相对于被命名为爱情鸟的鸳鸯来说，天鹅比它们拥有更忠贞不渝的爱情。在自然界中，它们是少见的"终身伴侣制"的动物之一。一旦结成伴侣，无论觅食还是休息嬉戏，都成双成对出现。它们的爱人遇到敌害，另一方会勇敢地与之搏斗；雌鸟孵卵时，雄鸟更是寸步不离地守候在身边，不像鸳鸯那样，不顾雌鸟辛苦，自己趁机出去寻欢作乐；如果其中一只意外死亡，另一只悲鸣数日，终生为其守节，不再娶嫁。

像天鹅这样对爱情如此忠贞的鸟儿，却很少有人在这方面讴歌赞美它，是人们不愿意把它局限在卿卿我我的小世界里，从而赋予它们更高更远的使命吗？如果如此解释，我亦欣然了。

记得农民起义领袖之一陈胜，在少年时发出"燕雀安知鸿鹄之志哉"的豪言，其中的鹄指的便是天鹅。由此可见，那时的人们，已经将天鹅喻为言志明志的代言人了。

在古代，天鹅有鹄、鸿、鹤、黄鹤等称谓，在许多地名中仍然包含了这些词汇，比如：鹄岭、鹄泽等。在日本，有关天鹅的古名也有不少，有的用天鹅的栖息地来命名，还有的用它鸣叫的拟声词来命名，像"鸿""鹄"等名称是由中国传入的，在日本，它们被认为是天的使者，是"神鸟"。

西方文化中，将文人的临终绝笔之唱称之为"天鹅绝唱"；在英国，只有卓越的诗人或歌手才可以与天鹅相比，例如，莎士比亚的雅号为"艾冯的天鹅"（莎士比亚出生于艾冯河畔的斯特拉特福，因此称他为艾冯的天鹅）。

因为传说天鹅专门吃带有珍珠的贝类，吃进去之后，将珍珠藏在嗉囊里，因此，女真人曾一度专门训练海东青捕捉天鹅，取它嗉囊里的珍珠。

《诗经》中有"白鸟洁白肥泽"的记载，里边的"白鸟"指的就是天鹅，天鹅一词最早出现在唐代李商隐的《镜槛》中，原句为"拨弦惊火凤，交扇拂天鹅。"

说到天鹅，其实天鹅与天鹅又有不同，仅天鹅属就有七个种类，中国就有三种，它们是大天鹅、小天鹅和疣鼻天鹅。疣鼻天鹅是天鹅中最漂亮的，它遍体洁白，嘴巴赤红，前额有一黑色疣突，这也是它之称为疣鼻天鹅的原因，传说疣鼻天鹅一生不会鸣叫，只在临终前才唱出动听的歌声。遗憾的是，我从来没有听到过，想来那应该是极其哀婉凄清的吧。

除去黑天鹅外，其他几种天鹅样子都差不多，它们全身洁白，只是在嘴巴上有所区别。在17世纪以前的欧洲人，认为天鹅都是白色的，直到第一只黑天鹅的出现，才将这个观点颠覆。后来人们将此事喻为“黑天鹅事件”。“黑天鹅事件”成为不可预测的重大稀有事件的寓意。

天鹅是雁形目鸭科雁亚科中最大的水禽，有七八个种类。仅在北半球分布的就有四种，它们羽毛洁白，体态优雅，又对爱情忠贞不渝，无论是在东方文化，还是在西方文化中，都不约而同地把它们作为忠诚与高贵的象征。

在我国，有“癞蛤蟆想吃天鹅肉”的俗语。天鹅在国人的心目中，是纯洁与高贵的象征，而蛤蟆，一个“癞”字，足以说明一切。仅从这两个层面上理解，天鹅与蛤蟆在人们心目中的地位，便一目了然。

在这句俗语中，还蕴含着一个故事：

三国鼎立之前，桃园三杰结义东征至房山时，关云长、张翼德便在房山安营，伺机攻克海州。房山那时是海岸要塞，海州的西门户。

有一天，关云长见一巨石兀立悬崖，便即兴大呼：“众军士，云长要磨刀耶！”众军士举目看去，只见关云长将青龙偃月刀高高举起，在巨石上，上下舞动。随着刀响之声，火花四飞。

这时的房山，已是三个月滴雨未下，山上更是一滴水也没有，刀又不能老是干磨。这时，军中有人提来一只野鸡，刺死之后，把血洒在巨石上，权当磨刀水给关云长磨刀。

巨石旁边有一个石洞，洞里住着一个大蛤蟆，它嗅到血的腥鲜味，大眼皮眨了半天才弄明白：原来军中有一赤面大汉在巨石上磨刀。一滴滴红水滴下来，鲜味正是从那发出来的。蛤蟆二话不说，连爬带蹦到了巨石处，抬起头，张着大嘴，眼睛眨都不眨喝起关老爷的磨刀水，一口气喝了个嘴饱肚儿圆。

关老爷的磨水里是溶着野鸡血的，蛤蟆当然感到好喝，喝饱后，它鼓着大肚子不住地眨眼。军士们见蛤蟆憨傻之态，都觉得很可爱。云长扶刀立地说：“你们别看蛤蟆憨，它喝了磨刀水，可就秀（锈）气在里了。”军士们都应呼，“哈哈，秀气在肚里了！”军士们大笑起来。

这笑声惊起了在林中栖息的几只天鹅，它们鸣叫着振翅向微山湖飞去。喝饱鸡血磨刀水的蛤蟆，望着空中飞翔的天鹅，心中突发奇想：“我老蛤，刚刚喝了关老爷的磨刀水，要是再能饱餐一顿天鹅肉，那该多好哇！”想着想着，抬着头，两眼直盯着天空中飞翔的天鹅，情不自禁地流了一地口水，还仍然煽动着两只前腿，全然不顾军士们对它的耻笑。

忽然，有一军士大叫："蛤蟆不光是喝了磨刀水，秀气在肚里，看！它还想吃天鹅肉呢！"众军士听了又是一番哄笑，又有人接着说："痴心妄想。""癞蛤蟆想吃天鹅肉——痴心妄想"的成语也因此而来。

在故事中，将天鹅喻为了一种理想或者说是在现实生活中可望而不可即的梦想。小时候我读过很多西方童话，那些被嫉妒者施以魔法的人们，很多都被变成天鹅，这是他们把天鹅视为正义与善良的化身吧？我知道，在希腊，天鹅是宙斯追求爱情的化身。

小时候，对于天鹅的认识，绝不比癞蛤蟆更多，因为我从来没有见过它们。我所想到的天鹅，是一个高高在上，与我没有任何关系的一个物种，这种观念一直持续到我上初中时。

有一年初冬早上，母亲说有人看见潍河边的芦苇丛里有天鹅的踪迹。我听后冒着上学将要迟到的风险，二话不说，拔腿就往潍河边跑去，可是，空荡荡的潍河岸边，除了冬日的萧索，再无一物。

虽然这一次我没有见着天鹅的踪影，但我觉得即使与它擦肩也是一种缘分。因为从来没有见过天鹅，愈发对天鹅生出许多好奇。以致后来每到一个动物园，必然先去寻找天鹅的身影。

天鹅确实是美丽而优雅的。它长长的脖子，坚实的身躯，凝重端庄的神态，像极了阅尽繁华而超世脱俗的贵妇。天鹅无论在水中游泳，还是在岸边站立时，总喜欢把一只脚放在背后。飞行时，它长长的脖子尽力前伸，徐徐扇动翅膀，整个身躯呈直线型。其他水禽，无论在空中飞翔还是在水里游动，都不如天鹅速度快捷。因为体重的原因（成年天鹅的体重能达到30多斤），它在起飞时，需要先在地面助跑一段距离，当它真正飞上高空，以它的飞行高度和耐力，可以毫不费力地越过珠穆朗玛峰，在鸟的世界里，是当之无愧的飞行冠军。

未成年的天鹅，羽毛是灰色或褐色，中间夹有杂纹。两岁以上才算成年天鹅，在自然界中，它们寿命在二三十年左右。平时天鹅都聚集在一起生活，只有繁殖期，它们才会离开群体生活，享受二人世界。

每年三四月份，是天鹅迁徙的季节，它们从遥远的南方回到北方的湖泊、芦苇地里，寻食觅偶，直至结成伴侣。

五六月份是天鹅繁殖的季节。它们寻到彼此心仪的伴侣之后，便交配产卵，雌天鹅每年产蛋四到五枚。雌天鹅孵卵时，雄天鹅是寸步不离的警卫员，遇到敌害，它们勇敢地与敌人搏斗。不仅在繁殖期，它们如此恩爱，即使在觅食或嬉戏时也是成双结对。在水中，它们颈喙相交，彼此缠绕，并且常常用喙为对方梳理羽毛，其恩爱之态，让世人羡慕。

天鹅不仅仅是恩爱的夫妻，也是最疯狂的父母。为了保护自己的巢、卵和孩子，它们不惜一切。被激怒后的天鹅，具有非常强的攻击性。如果遇到不会游泳的敌人，天鹅会把它拉下水，将它摁在水中直到淹死，这也是天鹅的智慧所在。

曾经有人目睹过天鹅为保护幼鸟与狐狸奋战的场景，漫天飘飞的羽毛和满地的血滴，足以说明战争的残酷，如果不是亲眼看见厮杀的现场，绝对不会想到战场的主角会是优雅的天鹅。

相关知识：

天鹅为国家二级重点保护动物，共有7种，属游禽。除非洲、南极洲之外的各大陆均有分布。为鸭科中个体最大的类群。颈修长，超过体长或与身躯等长；嘴基部高而前端缓平。喜欢群栖在湖泊和沼泽地带，主要以水生植物为食，也吃螺类和软体动物。多数是一夫一妻制，相伴终生。一年繁殖一次，卵的体积较大，幼鸟为早成雏。迁徙时会多群集结，但仍是小群行动。

夜游神龙
——猫头鹰

英 文 名： Owl

分布区域： 除南北极地区外，全世界各地均有分布，中国全国各地均有分布。

保护级别： 国家二级保护动物。

在人们心目中，猫头鹰是“不祥之鸟”，古书中把它称为怪鸱、魑魂或流离，还有的地方叫它“逐魂鸟”“报丧鸟”。我不知道人们对它如此恐惧，是源于它长相奇特还是叫声凄惨，在我们老家，因为它昼伏夜出的习性，称它为“夜猫子”。

我对猫头鹰的印象，源于小时候的夜晚。那时候的夜特别长，在漫漫长夜里，大人们就着一盏煤油灯，给我们讲稀奇古怪的故事。什么神魔鬼怪、狐狸、老鼠都是故事的主角，当然也有夜猫子。像“夜猫子进宅，无事不来”“不怕夜猫子叫，就怕夜猫子笑”等伴着死亡与恐怖的故事，都是那时听到的。所以，从小我就对猫头鹰怀着深深的恐惧。

恰恰在我老家西边紧挨着的向阳河边，有一片树林，林子不大却是灌木丛生，入夜时分，常常听到猫头鹰的尖锐叫声。以至于每次路过这个树林，总是毛骨悚然。尤其冬天的夜晚，本来清冷的月光已是让人浮想联翩，更何况树林的空地上，常常闪着蓝莹莹的光，这时如果再听到一两声夜猫子鬼魅一样的叫声，那才叫一个魂飞魄散，即使不曾听过大人讲的故事，也恨不得脚下踩上风火轮，快快逃离这个地方。后来，我一个人走夜路时，为了避开这个树林，要绕很远很远的路回家。

猫头鹰对此却毫不知情。每年春天，大地刚刚苏醒，它们就进入繁殖期。喜欢在夜间生活的它们，大多数栖息在树上，只有极个别种类会自己筑巢。那些不筑巢的猫头鹰，林子里的树洞，山上的岩穴，都是它们的家。

猫头鹰从产下第一枚卵就开始孵化，它们边产卵边孵化。孵化出的小猫头鹰身上有短短的柔软的绒毛，耳目紧闭。在同一个巢内由于产卵、孵化时间的不同，雏鸟体形大小常有巨大差异。往往最先孵化出来的哥哥或姐姐都成半大鸟了，小弟弟或妹妹还没孵出来。个别种类，如雪鸮，在食物短缺的时候，会出现大雏鸟吃小雏鸟的现象，听起来挺恐怖的，幸好这种现象并不普遍。

猫头鹰在全世界现的分布比较广泛，除了南北极地区，世界各地都可以见到猫头鹰的踪迹。我国常见的种类有雕鸮、鸺鹠、长耳鸮和短耳鸮。

因为分布地域与环境不同，猫头鹰的体形也不尽相同。大者如雕鸮体长可达90厘米，小者如东方角鸮体长不及20厘米。体形大的产的卵少，体形小的相反产卵多。野生猫头鹰寿命不长，如仓鸮平均寿命三年半左右，只有少数种

类能够达到11年。猫头鹰对于爱情，还是比较忠贞的，它们多数一夫一妻制，只有极个别种类，如鬼鸮的配对是一雄多雌和一雌多雄。

猫头鹰的食物以鼠类为主，也吃昆虫、小鸟、蜥蜴、鱼等动物，腐烂的肉类也是它们所喜欢的。猫头鹰有吐“食丸”的习性。“食丸”就是将食物囫囵吞下去之后，那些不能消化的骨骼、毛发等食物残渣形成一个小球状，经过食道和口腔吐出，叫食丸，也叫唾余。能吐“食丸”的动物，它们的嗉囊都有非常强的消化能力。

猫头鹰因为喜欢吃“腐肉”，所以它对这种味道尤其敏感。有人即将去世，身上散发病入膏肓的气息，跟腐肉味道非常相似，猫头鹰闻到这种气味，以为它即将享有一顿丰盛的饕餮大餐，便不由自主地发出笑声。所以很多时候，村里听到猫头鹰叫声后，数日之内便会有人去世，这并不是迷信，而跟猫头鹰的生活习惯有关。将猫头鹰叫做报丧鸟，也不完全是被冤枉的。

猫头鹰在黑夜中的叫声，像鬼魂一样阴森凄凉，跟幽灵一样飘忽无常，它种种不同寻常的行为，让人们对它产生可怕的联想。除去这些，猫头鹰还有“夜游神龙”的称号。原因是它在黑暗中拥有绝佳的飞行能力，常常在伸手不见五指的夜里，你面前刚看到一个黑影，还没明白过来是怎么回事，它已经不见踪影了。

猫头鹰的脖子非常灵活，灵活到什么程度呢？有人做过测试，它的脖子左右可以转动270度，也就是说，它能从左边转过头去，看到身体右侧的事情，我们常常看到的猫头鹰喜欢歪着脑袋看东西，那个样子萌萌的，不知道的以为它是在卖萌，其实真实原因是猫头鹰的眼球不会转动，只能靠脖子的转动来转换角度。

猫头鹰的脖子能如此灵活，为什么眼球不能动呢？因为猫头鹰为了适应夜间行动，必须在弱光下有很好的视力，所以它的瞳孔非常大，眼球大得近乎柱形，要想支撑它近乎柱状的眼球，必须有坚固的巩膜环支撑。柱形的眼球，坚固的巩膜环，注定了猫头鹰眼球转动的困难，所以只有靠脖子的转动弥补这方面的缺憾了。

说到猫头鹰的视力，它在漆黑的夜晚，视力比人高出一百倍以上，若是在白天活动，则摇摇晃晃像醉酒一般。猫头鹰虽然夜间视力很好，却是一个地地道道的色盲，也就是说，世界在它们眼里，只有黑白两种颜色。

在鸟类世界中，这是非常少见的。在日常生活中，鸟儿的很多事情需要靠颜色做出判断，比如乌鸦在高空飞行的时候，靠颜色帮助它们判断距离和形状，寻找降落的地方；雄鸟靠艳丽的羽毛，取悦雌鸟，如果它们感受不到颜色，在雌鸟眼里，雄鸟还有什么魅力可言呢？

幸好，猫头鹰只在夜间活动，颜色对它们来说，倒不重要了。

相关知识：

猫头鹰，总数超过130余种。在除南北极以外所有的大洲都有分布。它们大部分的种类为夜行性肉食动物。头宽大，嘴短而粗壮，前端成钩状，头部正面的羽毛排列成面盘，部分种类具有耳状羽毛。双目的分布，面盘和耳羽的造型特征，使本目鸟类的头部与猫极其相似，故俗称猫头鹰，别名神猫鹰。

紫姑仙子
——戴胜

英 文 名： Hoopoe

分布区域： 主要分布在欧洲、亚洲和北非地区，在中国有广泛分布。

保护级别： 列入《世界自然保护联盟濒危物种红色名录》无危级。

杜鹃鸟鸣叫的时节，常常会听到极似杜鹃的叫声，细听之下，又跟杜鹃有着千丝万缕的差别，这就是戴胜的叫声。如果留心观察，在林地边缘、路边、草丛，常会见到它的身影。

平时，戴胜喜欢蹑手蹑脚地在草地上踱步，乍一看，一身黑、棕、白三色的羽毛外衣，并没有特别之处，更能与周边的环境极好地融合在一起，从而达到隐蔽的效果。只有受到惊吓、兴奋或求偶的时候，它头顶的羽冠突然打开，只有在这一刻，才会被它的容貌所惊艳，这时它的小背头变成靓丽的朋克头，像一把五彩羽扇，蓬松的羽毛闪动着耀眼的光芒，这美丽的羽冠，就是戴胜鸟标志性特征，戴胜之名由此得来。

戴胜：顾名思义，戴就是戴帽子、戴发簪的戴；胜，却绝对不是胜利的意思，而是华胜之意。华胜是古代妇女的一种花形头饰。戴胜，即头戴华胜之意。在古代，人们看到这种头上长有羽冠的鸟，感觉跟女子头戴华胜的样子很像，便称它为“戴胜”，也有人叫它花蒲扇，在我们老家，它还有一个名字，叫“骚倒茅子。”

在鸟类中，戴胜是没有亲戚的。因为它太特别了，根本没有什么鸟和它相近。曾经被归入和翠鸟一类的佛法僧目中，现在却有越来越多的观点支持把它单独列为一个目：戴胜目。

在叫声上，戴胜是山寨版的杜鹃，从工作方面讲，它又是山寨版的啄木鸟，原因是它的生存方式与啄木鸟极其相似，经常用长长的嘴巴到处啄食，人们看到它时，常常误以为是啄木鸟。只是它啄的对象不是大树，而是土壤的表层，啄击的频率也比啄木鸟慢很多，但它比啄木鸟更多了一股韧劲儿，靠着这股坚韧不拔的劲儿，把藏在地面以下的甲虫、蝼蛄等虫子、虫卵啄来吞食。只是它的嘴没有啄木鸟那般坚硬，无法像啄木鸟一样攀附在树上，对于树干里的害虫，只能望尘莫及了。

戴胜的容貌，是绝对漂亮有品。走起路来仪态万方，如此端庄的鸟儿，我们会设想，它的住处应该极端奢华吧？恰恰相反，它是生活习惯极其邋遢的鸟儿，在它的巢穴里，粪便遍布，并且它们从来不清理。如果碰上孵雏鸟，雌鸟在繁殖期尾脂腺的分泌物，再加上雏鸟们吃喝拉撒全在巢穴中，粪便越积越多，那才叫一个臭气熏天。这还在其次，如果你无意中冒犯了它们，它们会一起朝外喷射粪便，那气味，能把几天前吃的东西都吐出来。我猜测“骚倒茅子”的意思，是不是说它比厕所的气味还难闻？（茅子，在我们老家指厕所）。

在如此的环境里生活，我们可以想象得出戴胜身上的味道，虽然如此，却丝毫掩饰不了它外表的华丽，所以说戴胜的美，绝对是出淤泥而不染的典范。

戴胜的美，自古至今赢得了人们的赏识，成为诗画中的常客，“星点花冠道士衣，紫阳宫女化身飞。能传上界春消息，若到蓬山莫放归。”这是唐朝诗人贾岛对戴胜鸟的赞誉。

为什么称它为紫阳宫女呢？传说中，紫姑仙女是掌管厕所的仙子。戴胜又常常出没于茅厕粪堆旁，因此便将它假想为掌管厕所的“紫姑仙人”的化身，被称为厕神。在《山海经》的《西山经》

中记载：西王母其状如人，豹尾虎齿而善啸，蓬发戴胜。因此，戴胜又借指为王母。

在国外，戴胜的地位也不低，以色列在2008年竞选国鸟的时候，戴胜以其美貌勤劳和关爱家人等优点击败其他选手荣登国鸟宝座。

在我国，它又是典型的劳动模范和五好家庭的化身。在农田里四处奔走，竭尽全力挖土刨虫的是它；雌鸟孵卵时，不辞劳苦数次叼回食物，喂给爱妻的，还是它。这就是人们为什么对如此奇臭无比的鸟儿，仍如此钟爱的理由。说白了，戴胜鸟除了不喜欢打扫卫生外，基本没有什么缺点。

只可惜像这种美丽勤劳能干、善于照顾家人，并且绝对以捕食害虫生存的益鸟儿，因为它自身繁殖能力较弱，再加上人类对树木的乱砍滥伐，使它失去太多的生存环境，现在已经比较罕见了。更为严重的是，因为它的分布广泛，并没有被列为保护级动物之列，面对集众多优点于一身的它们，我们能任其渐渐消失吗？

相关知识：

戴胜，头顶具凤冠状羽冠；嘴形细长，栖息于山地、平原、森林、林缘、路边、河谷、农田、草地、村屯和果园等开阔地方，尤其以林缘耕地生态环境较为常见。以虫类为食，在树上的洞内做窝。性活泼，喜开阔潮湿地面，长长的嘴在地面翻动寻找食物。有警情时冠羽立起，起飞后松懈下来。每年5~6月份繁殖，选择天然树洞和啄木鸟凿空的蛀树孔里营巢产卵，有时也建窝在岩石缝隙、堤岸洼坑、断墙残垣的窟窿中。每窝产卵7~9枚。它是以色列国鸟。

老家贼

——麻雀

英 文 名： Sparrow

分布区域： 全世界均有分布（除南北极外）。

保护级别： 列入《世界自然保护联盟濒危物种红色名录》无危级；中国《国家保护的有益的或者有重要经济、科学研究价值的陆生野生动物名录》。

“老家贼”是东北地区对成年麻雀的叫法，因为它们大多住在屋檐下，又常常偷食晾晒在地上的粮食，所以就有了这个不雅的称谓。在北京还有一句俗语“小家巧（雀）斗不过老家贼”，用来比喻有一定阅历、足智多谋的人。

“麻雀虽小，五脏俱全。”应该是对麻雀最中肯的认识，用这句话比喻事物体积或规模虽小，具备的功能却很齐全。

麻雀在我们的生活中太普遍了，正因为它的普遍，我们忽视了对它的了解。虽然满大街都能看得到它，能对它说上个四五六的人却少之又少。以至于在20世纪50年代末，因为偷吃粮食，将它划为“四害”之一。

在随后几年里，各地植物园林内陆续出现严重的虫灾，有些地区甚至是毁灭性的。人们这才发现麻雀的重要性，于是，麻雀才被从“四害”中剔除出来，除四害口号改为：除掉老鼠、臭虫、苍蝇、蚊虫。

抛开麻雀与人类之间的利益关系不说，单说这一普遍存在的物种，它是一种繁殖能力超强的生物，也是我国分布最广、最常见的留鸟。

说起麻雀这一名称来历，还蕴含着一个故事：很久以前有个富翁，他有两个儿子，大儿子是前妻生的，二儿子是后妻生的。两个儿子长大后，富翁拿出两包种子对他们说：“我每人给你们一包种子，一个去东山种，一个去西山种，三年之后谁的种子打出来的粮食多，谁就继承我的财产。”

第二天，两个儿子拿上种子出发了。走到半路，诡计多端的弟弟故意把种子洒了一地，装出一副可怜的样子，跟哥哥说他的种子丢了。哥哥想，当哥哥应照顾弟弟才对，于是把自己的种子给了弟弟，他把弟弟洒的种子一粒粒捡了起来。

弟弟兴高采烈地赶到东山，兴冲冲地撒上了种子，就等种子生根发芽，等啊等啊，一天过去了，两天过去了，一个月过去了，一年过去了，地里连一棵苗也没出来。原来是狠心的后娘为了让自己亲生的儿子继承财产，半夜起来，偷偷把大儿子的种子炒熟了。谁知道二儿子会在半路上故意把种子洒了，跟哥哥要来这炒熟的种子，这真是聪明反被聪明误。

二儿子没有种出一棵苗，无脸回家，活活饿死了，二儿子死后变成了一种灰色的小鸟，整天叽叽喳喳地叫着，既像在骂人，又像在骂自己跟哥哥耍心眼，又像骂他亲娘，不该害人反害己。

三年后，哥哥带着丰收的果实回到家里。后娘问明了情况，又悔又恨，一头撞死了。后娘死后也变成了像二儿子一样的灰色小鸟，它天天悔恨地叫着：“唧唧喳，唧唧喳，害人害自家。”后来人们就把这种鸟儿叫麻（骂）雀。

或许是前生的教训，给了它们快意恩仇的特点。如果麻雀得到人类的帮助，会持续很长时间对帮助过它的人表现出亲近；相反，如果有人侵犯到它们，它们会非常团结地结成战斗联盟，直至把入侵者赶走。

在哺育小麻雀的过程中，它们更加勇敢。俄国作家屠格涅夫在他的短篇小说《麻雀》中，曾记载过一只亲鸟为保护不慎坠地的幼鸟，以其弱小的身躯，在一只大黄狗面前毫不退缩地场面。

在饮食方面，麻雀是最不挑食的鸟类。它们吃谷物，食昆虫，也吃人类扔弃的食物。育雏期间，它们捕食田野、林间的虫儿喂养小鸟。从营养学来讲，这些害虫属天然高蛋白营养品，这一点也像我们人类，总要给予子女最好的食品。从这点我们知道，麻雀最喜

爱的食物还是害虫而不是粮食，之所以偷食人类的粮食，是因其生存的需要。

因为对幼鸟的精心呵护，再加上它超强的繁殖能力，麻雀在数量上，要比其他鸟类多得多。每年三四月份是麻雀产卵的季节，每窝产卵四到六枚，两周左右就可孵化成小麻雀。

虽然麻雀与人类毗邻而居，对人类并不乏好感，但它却极具气节的，是鸟类中难以驯养的鸟儿之一。

麻雀曾一度是我幼时的玩伴儿。父亲所在单位房檐下，有一个极大的麻雀窝，偶尔父亲会逮只刚出窝的小麻雀给我玩。对于此事，母亲是极力反对的，她反驳的理由并不是缘于保护野生动物的意识，而是说玩家雀的女孩子，长大后做针线活手心会出汗的。我的姥姥在母亲小时候也是这么跟她讲的，在母亲的心里，这是她受的教育。长大后，我常常回想类似这样的说法，是不是古人感觉从保护生态环境上讲大道理，孩子难以理解，从而编造出了这种善意谎言。

我和父亲不听母亲这一套，依然我行我素。父亲喜欢看我拿到麻雀时欢呼雀跃的样子，我则喜欢小伙伴们围在我身边，争相观看麻雀时羡慕的眼神。

只是这种极具气节的鸟儿，我从来没有养活过。无论多小的麻雀，它们绝不吃人类喂它的食物，用不了几天，活蹦乱跳的麻雀无一例外被活活饿死。

我记得养过寿命最长的一只麻雀，活了六天，我纳闷不吃不喝的小麻雀，如何会活这么久。直到有一天早上，我在睡眼朦胧中揭开了谜底。

那天我还没起床，就听到窗檐下的小麻雀亲昵欢快的叫声，我抬头向窗外望去，原来笼子边上有只老麻雀，正在给我的小麻雀喂虫子。老麻雀看到我趴在窗子上看它，恶狠狠地俯冲下来，冲着我的脑门就来了，只是它没能啄到我，而是“咣”的一声，撞在窗玻璃上。吓得我“哇”地大叫一声，赶紧掉过头来藏在被窝里。母亲听到我的叫声，问明原因，一个劲地说“造孽啊”。从那以后，再也没见那只老麻雀。我都纳闷，为什么母亲说造孽时，为什么不把我的小麻雀偷偷放了。现在想来，母亲是爱我胜过爱小麻雀的吧。

第二天，小麻雀肚子鼓鼓地死在笼子里，母亲说它是被气死的。我现在真的一做针线活，手心就会出汗，是我天生不是做针线活的料，还是应验了母亲的话呢？又或许是我想起母亲的话，对我童年曾经虐待的麻雀心生愧疚？

我不得而知。

相关知识：

麻雀，又叫树麻雀，俗名家雀、老家贼、宾雀，亦叫北国鸟。雌雄同色，显著特征为黑色喉部、白色脸颊上具黑斑、栗色头部。喜群居，种群生命力极强，是中国最常见、分布最广的鸟类之一，亚种分化极多，广布于中国全境，也广布于欧亚大陆。中国有5种麻雀，其中树麻雀就是我们通常所说的麻雀，其他种类如山麻雀、家麻雀比树麻雀少见，生活环境也有所区别。

2000年8月1日国家林业局发布的《国家保护的有益的或者有重要经济、科学研究价值的陆生野生动物名录》中将麻雀列为三有野生保护动物。

天命玄鸟　降而生商

——燕子

英　文　名： Swallow

分布区域： 亚洲、欧洲、非洲和美洲。

保护级别： 列入中国《国家保护的有益的或者有重要经济、科学研究价值的陆生野生动物名录》。

《诗经》有“天命玄鸟，降而生商。”《史记·殷本纪》记载，商契的母亲，简狄在郊外时，吞食玄鸟之卵后怀孕生下商契。这就是后人所说的玄鸟是商祖先的根据。玄鸟又是什么鸟呢？在《楚辞·离骚》王逸注：“玄鸟，燕也。”

燕子春分而至，秋分而返，非常有规律。每年春分时节，是燕子筑巢生子的时候。商人以为燕子来临，便是繁殖的好日子，他们便在仲春之时，双双赴郊外旷野之地，举行求子祭祀活动。在这个时期所孕之子，都视为“玄鸟所生”。

这是有关于燕子最早的传说。历朝历代文人骚客笔下，对燕子的赞美绝不吝于笔墨。“几处早莺争暖树，谁家新燕啄春泥”。在诗人眼里，燕子是春的使者，诗人借燕子传达惜春之情，慕春之意。

“旧时王谢堂前燕，飞入寻常百姓家。”在这里，它又是抒发昔盛今衰，家破国亡的感慨和悲愤的载体。诗人借燕子秋去春回，不忘旧巢的特点，尽情宣泄心中丧国失家的悲愤之痛。

“满地芦花和我老，旧家燕子傍谁飞？”一个“傍谁飞”，再一次将燕子推到历史的长河之中，燕子无心，却见证了时事变迁，承受了国破家亡的苦难，成为“黍离”之苦中的诗人叙述的表象，不可谓负载不重。

“无可奈何花落去，似曾相识燕归来。”此刻，它又化为怀旧的化身，以花事喻人，表明物是人非，却用似曾相识的燕子来衬托此时的失意与冷落，读来让人倍感凄楚。

“槛菊愁烟兰泣露，罗幕轻寒，燕子双飞去。”同样的诗人，同样借燕言情，同样的飞来飞去，将内心的孤独落寞描述得淋漓尽致。人们将自己的情感观念赋予在燕子身上，这种象征意义其实并非凭空想象，而是由原始图腾延伸出来的。

燕子是原始先民图腾崇拜的对象。原始时期华夏族少昊的图腾物之一便是被称之为玄鸟的燕子。

生活中，与人类最相近的鸟类中，应该是燕子与麻雀了。它们在人们居住的附近，甚至在房梁、屋角、树梢筑巢繁衍。同样是捕杀林中害虫为食的鸟儿，麻雀曾经被划为四害，燕子在人们心目中却享受着贵宾级的待遇。这除了人为强加给它的意象之外，还应该得益于燕子的处世哲学——距离产生的美。既表示与人亲近，又不受人的控制，人们才像神一般地敬奉它，称它为幸福与祥和的象征，亲切地把它称为春的女儿，奉它为商的祖先。

小时候家里的大人就告诉我，伤害燕子会瞎眼的（类似于这样的话，我从来不以为是迷信，而是一种善意的谎言）。小时候我不知道这话从何而来，只是在父母的反复教导中，我从来没有做过伤害燕子的事。相反，每年燕子回巢的时

候，我和母亲总是早早把屋子打扫干净，希望燕子住到我们家，可每年的希望都落空了。

在民间燕子是祥和之鸟，流传着“燕子不进愁家”之说。我常常问母亲是我们家愁事太多了，燕子才不来的吗？母亲也说不出个所以然来，思考半天，只好说，是幸福的家庭太多了，燕子住不过来呢。

虽则如此，我对燕子的喜爱仍是丝毫不减。它带有金属光泽的蓝绿色的羽毛，尖而窄的翅膀，以及剪刀似的尾巴，在空中飞掠而过时，迅急吞下害虫的一刹那，是如此潇洒完美。

在所有鸟类之中，燕子是最愿意接近人类的益鸟，也是人类最喜欢的鸟儿。春分一至，从海南回归到北方农田的燕子们，堂而皇之地在农家房梁上、屋檐下筑巢垒窝。居住在人们房梁上的小燕子，常常自顾自地屁股一撅，便把粪便排出来。

那时候吃饭都是在堂屋正中间，摆一张四方桌，一家人围桌而坐。经常小燕子的粪便会排在饭桌上，这时候，人们对它们并不责怪，只是抬起头来对它宠溺地一笑。

燕子的巢，精致讲究。它们要往返数万次甚至几十万次衔来泥土和草茎，再和着唾液凝结成皿状，最后在里边铺上细软的杂草、羽毛、破布和一些青蒿叶，才算完工。今年筑好的巢，如果不被破坏，明年它们仍然继续利用，只是再次利用时，它们会精心修缮一番。

筑好巢的燕子，就开始繁殖了。每年的六到七月初是繁殖高峰期，每年产两窝乳白色的卵，头一窝产四到六枚，第二窝就少一些，大约二到六枚。产完卵之后，雌雄共同孵卵，两周左右小燕子就出世了。从这时候开始，雌雄双燕要不停地捕食昆虫喂哺小燕，这样的日子坚持二十五六天，小燕子才能自己出巢捕食。

燕子是典型的夏候鸟，因为它只吃昆虫，它不像松鸡雷鸟那样吃杂食浆果，不像麻雀那样偷吃人们晾晒的粮食，也不像啄木鸟那样能挖掘潜伏在树干里的昆虫幼虫，它只能以昆虫为食，且只吃活着的，在空中飞行着的，北方的冬天，是没有活着的飞虫可供小燕子捕食的，所以，它只能南北方来来回回奔波着。

相关知识：

燕子是燕科鸟类的统称。形小，翅尖窄，凹尾短喙，足弱小，羽毛不算太多。羽衣单色，或有带金属光泽的蓝或绿色；大多数种类两性都很相似。汉字的“燕”是特指家燕。家燕前腰栗红色，后胸有不整齐横带，腹部乳白色。燕子一般在4~7月繁殖。家燕在农家屋檐下营巢。食物为昆虫。燕是典型的迁徙鸟。繁殖结束后，幼鸟仍跟随成鸟活动，并逐渐集成大群，在第一次寒潮到来前南迁越冬。

福星鸟
——斑鸠

英 文 名： Turtledove

分布区域： 常见并广泛分布于东南亚地区，在中国有广泛分布。

保护级别： 列入中国《国家保护的有益的或者有重要经济、科学研究价值的陆生野生动物名录》。

斑鸠在古代被寓为长长久久、幸福祥和的吉祥鸟；汉高祖刘邦御封它为福星鸟；有些地方还把它视为九头鸟的替身；斑鸠还象征友情，如果两个人都养有斑鸠，象征两人永远是朋友；据说斑鸠还是不噎之鸟，一度它是献给老人做寿礼的重要角色，意为祝愿老人饮食安康，长命百岁。总而言之，斑鸠是一种极具传奇色彩的鸟。

相传刘邦当年大败荥阳，被项羽穷追，眼看快要追上了，刘邦见路旁一口枯井，纵身跳了下去。紧接着，项羽的追兵也到了，他们不见刘邦的踪影，只见两只鸟儿在井边盘旋戏耍，按惯常思维，有鸟在井边，井里肯定不会有人。于是，项羽带兵越过枯井径直打马向前追去。

脱险后的刘邦，知道是两只鸟儿暗中相助才得以脱险，心里暗暗感激。登上皇位之后，念起这两只鸟儿的救命之恩，便下旨不许再捕此鸟，并御封为“福星鸟”。后来民间有许多因为伤害了斑鸠得到报应的故事，所以提起斑鸠，人们大多怀着敬畏之心。

斑鸠在古代是寓意长寿祥和的吉祥鸟。汉朝对老人尊重的表现非常体贴，官府为老人发放“老年证”。当然，那时候的“老年证”并不是像现在这样的小本本，而是一根带有斑鸠的手杖，称为“鸠杖”，也称“王杖”，顾名思义，是帝王赐给老人的拐棍。又因为拐棍多为老人使用，所以它还有一个“扶老”的雅称。

“关关雎鸠，在河之洲。窈窕淑女，君子好逑。”这是《诗经》的开篇句了，我不想去考证雎鸠指的是斑鸠、鱼鹰还是其他鸟类，但我潜意识里觉得它就是斑鸠。

我印象中，《诗经》里描述的景象是这样的：三月的天有些凉薄，勤劳的人们开始下田劳作，包括暗暗爱恋着邻家女孩的小伙，也早早地来到河田上工，听着

斑鸠在耳边一呼一应的鸣叫声，引发了他思春之心。

此时，正是斑鸠交配的季节。它们形似鸽子又比鸽子小巧俊俏，性情温顺，春天和煦的阳光照射着它光滑的羽毛，愈发显得明丽照人。雌鸟在雄鸟的召唤下，积极地“咕咕，咕咕”地回应着，它们颈项相交，享尽鱼水之欢。

斑鸠的巢筑在树上，距离地面3~7米，用树枝搭成，结构简单。交配后的斑鸠每窝产两枚白色的卵，经过18天的孵化，小斑鸠破壳而出。如果超过这个时间雏鸟还没孵出来，雌斑鸠会离开原来的旧巢，再觅新巢，重新产卵。幼鸟刚出壳时，眼睛还睁不开，体表羽毛很少，无法行走采食，这段时间的小斑鸠，由雌雄斑鸠共同分泌鸽乳，哺育幼鸟。

所谓鸽乳，是亲鸽的嗉囊腺所分泌的一种富含蛋白质的物质，这种物质称为鸽乳。嗉囊腺平时不进行分泌，在垂体产生促乳素时，嗉囊腺开始活跃，当血液中促乳素增多时，亲鸽恰好开始育雏。促乳素促使嗉囊中增加鸽乳，在喂食过程中，由于幼雏挤压亲鸽胸部，才开始有鸽乳育雏反应。这种现象与我们人类的母乳喂养极其相似，只是人类只有母亲才会分泌乳汁，而斑鸠却是雌雄共同喂养。

经过亲鸽喂养30~40天，幼鸟才能独立生活。离开父母的小斑鸠，在开阔的林地和较为平坦的沿海地带生活，它们边走边觅食，高粱、麦种、稻谷以及植物果实是它们的食物，有时也吃昆虫的幼虫。

在《诗经》里，多次提到鸠，其中最广为人知的莫过于“鸠占鹊巢”了。原句为“维鹊有巢，维鸠居之。”后来便引申为鸠占鹊巢，在这里不得不多说一句，虽然斑鸠会弃了旧巢另觅新巢，但它是不会去侵占别人巢穴的，侵占别人巢穴的是称为布谷鸟的一种杜鹃，古称鸤鸠。三国时陆玑撰《毛诗陆疏广要》说：“鸠，鸤鸠也。今谓布谷。”《诗经·曹风》里也有用鸤鸠四处下蛋，来比喻儿子不在身边的篇章：鸤鸠在桑，其子在梅……鸤鸠在桑，其子在棘……鸤鸠在桑，其子在榛。

“鸠占鹊巢”无论是喻其骨肉分离还是代指侵占别人家产，都与斑鸠没有关系。《诗经·氓》里还提到一次斑鸠，原句是“于嗟鸠兮，无食桑葚”（那贪吃的斑鸠啊，不要无节制地啄食桑葚），此句明明白白指的就是斑鸠了，桑葚熟透了自然发酵后含有少量酒精，斑鸠吃多了容易产生醉酒现象。

读到这里我一下释然了，一直纳罕于斑鸠在《诗经》里缘何出场率如此之高，原来它是善饮者的化身啊。至于原因嘛，自然是酒有别肠，唯文者近啊。

相关知识：

斑鸠，体淡红褐色，头蓝灰色，尾尖白色。在地面觅食，吃大量小型种子和蚯蚓。斑鸠在我国大部分地区都有分布，多出现在低海拔的非城市地区。我国常见的品种有：火斑鸠、珠颈斑鸠、山斑鸠，还有人工培育的白斑鸠。

野生斑鸠为三有保护动物，即国家保护的有益的或者有重要经济、科学研究价值的陆生野生动物，同属被保护的斑鸠有欧斑鸠、山斑鸠、灰斑鸠、珠颈斑鸠、棕斑鸠、火斑鸠等。

环保监测者
——白鹭

英 文 名： Egret

分布区域： 分布于非洲、欧洲、亚洲及大洋洲。

保护级别： 列入《世界自然保护联盟濒危物种红色名录》低危级；《濒危野生动植物种国际贸易公约》名单；中国《国家保护的有益的或者有重要经济、科学研究价值的陆生野生动物名录》。

白鹭是一种非常美丽的水鸟，它最主要的特征是三长：细长的腿，细长的脖子，细长的嘴。一身洁白的羽毛，如白雪公主一般。除去戴胜，生性美丽的鸟，对生存环境的要求都是极为苛刻的，因此，白鹭又有“环保监测鸟”的美誉。

我的家乡虽然不乏白鹭的身影，但我与它们近距离接触的机会还是少之又少，因为它们生性胆小机敏，一般与人类保持不小于50米的距离，在没有遮挡物的情况下，距百米之外被它发现，它就会迅速逃离。如此胆小的鸟，也害怕孤独，喜欢与人类亲近。田间地头、丘陵山地、沼泽湖泊，常能看到它们的身影，而在荒郊野外的无人区，却很少看到它们的踪迹。

唐朝张志和“西塞山前白鹭飞，桃花流水鳜鱼肥”的诗句，描写了悠闲的田园生活，在当时自然环境中，人与动物和谐共处、悠游自在的生活，正是当下人们刻意追求的理想之境。

“两个黄鹂鸣翠柳，一行白鹭上青天”的诗句，是杜甫听闻唐朝平定“安史之乱”后所作。在这里提到白鹭，除了对和平社会的期望，更多的是表达诗人的内心世界。因为白鹭被喻为平步青云的代指，在那个特殊的历史时期，诗人肯定希望在此之后有所作为。

无论诗人借白鹭表达什么意境，都是一种过去式，我不去深究。只是对于白鹭这几年的行踪，我一直非常耿耿于怀。它们曾经距离我们那么近，近得仿佛就在身边。可一度因为环境污染，身边难觅它的踪影。所幸在近几年，随着人们对环保意识的提高，对环境的治理，白鹭又重回到我们身边，虽然没有以前那么多的数量，但它终究又出现在我们的视野里，如果你足够细心，在河畔、芦苇丛中见到它的身影，也不是不可能的。

这种美丽安详的鸟儿，除了在繁殖时期发出“呱呱”叫声，其余时间是沉默的。它们一脚曲缩于腹下，一脚独立，头缩至背上，略显驼背状，长时间呆立不动；行走时，步履轻盈、稳健；飞行时，头往回收缩至肩背处，颈向下曲成袋状，两脚向后伸得笔直，远远突出在短短的尾羽后面，两个宽大的翅膀缓慢地鼓动飞翔。我国古代《诗经·周颂》中就用“振鹭于飞，于彼西雍”来形容它在飞翔时的不凡气势。

白鹭繁殖期，在每年的5~7月。它们喜欢聚在一起营巢，巢的形状为浅碟形，结构非常简单，主要以枯草茎和草叶构成。巢筑在低矮的树上，距地最高的也不超过1米，也有的白鹭在矮树下的草丛间筑巢。每窝产2~4枚淡蓝色、圆形的卵，经过24~26天的时间，就孵化出小白鹭。

在厦门有一座白鹭女神的雕像，女神身姿优美、娴静地跪坐在一块巨岩上，梳理长发，肩上还停着一只小白鹭。关于这座雕像还有一个传说：

很久很久以前，王母娘娘派白鹭女神巡视厦门岛。白鹭女神取名“白鹭”，化木为舟，变成一位渔家姑娘，乘舟前往厦门岛。来到岛上，她看见一名叫万石的青年男子正抚琴弹奏，众多乡亲在载歌载舞为一老者祝寿……

厦门岛秀丽的景色以及多才多艺的万石公子，吸引了美丽的白鹭女神，他们相恋了，人们高兴地为他俩祝福。正当乡亲们在为他们筹备婚礼时，一只凶恶的鲨鱼精来到厦门岛兴风作浪，顿时整个岛上波涛汹涌，巨浪冲天，眼看万石公子和众乡亲即将成为鲨鱼精的腹中之物。白鹭女神不顾危险，立即施展神功勇敢地和鲨鱼精进行搏斗，最后在万石公子和乡亲们的帮助下，终于打败了鲨鱼精，白鹭女神却身受重伤，付出了宝贵的生命，乡亲们心痛不已。后来她的身体化为许许多多的白鹭在厦门岛上飞翔，岛上百姓为纪念白鹭女神，把厦门命名为“鹭岛”，后来有了鹭江、白鹭洲……

若干年后，厦门金门两地人们又在“大担岛”上建立高大优美的“白鹭女神像”，以此纪念美丽勇敢的白鹭女神。从此“白鹭女神像”成为厦金两地的标志性建筑，吸引了世界各地的人民来金门、厦门旅游观光。

1986年10月23日，厦门市确定白鹭为厦门市市鸟。2008年11月9日，济南市确定白鹭为济南市市鸟。

相关知识：

白鹭，别名小白鹭、白鹭鸶、白翎鸶，中型涉禽。白鹭种类较多，其中有大白鹭、中白鹭、白鹭（小白鹭）、黄嘴白鹭和雪鹭，体羽皆是全白，世通称白鹭。大白鹭体型大，既无羽冠，也无胸饰羽，中白鹭体型中等，无羽冠，但有胸饰羽；白鹭和雪鹭体型小，羽冠及胸饰羽全有。

圣贤鸟
——喜鹊

英 文 名： Magpie

分布区域： 除南美洲、非洲、大洋洲与南极洲外，几乎遍布世界各大陆。

保护级别： 列入中国《国家保护的有益的或者有重要经济、科学研究价值的陆生野生动物名录》。

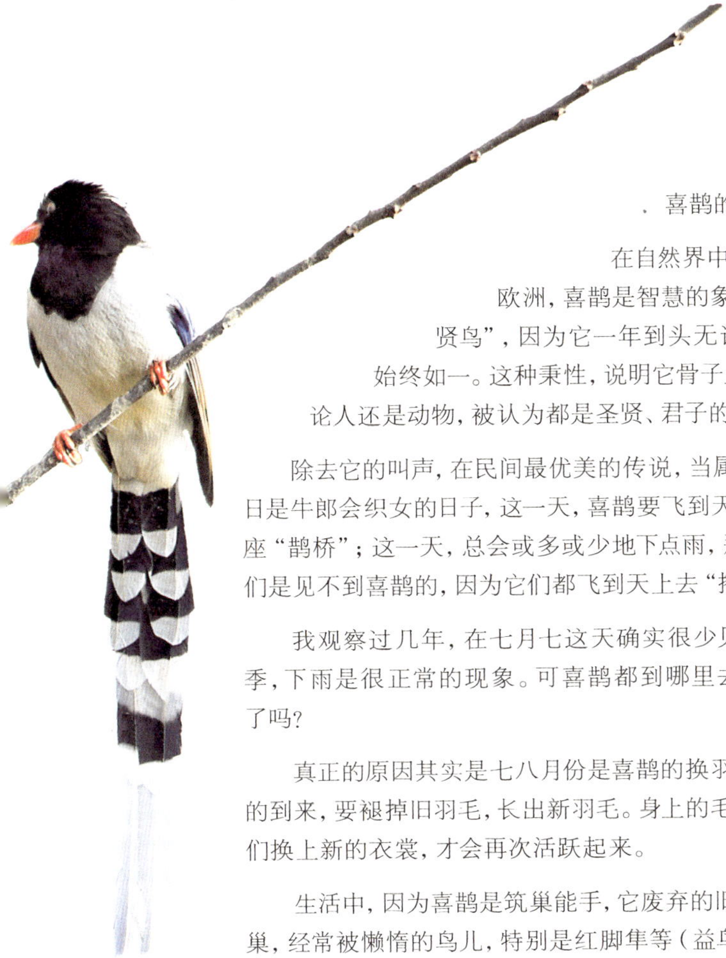

喜鹊的象征意义，有很多种说法。

在自然界中，喜鹊是害羞与隐遁的代名词；在欧洲，喜鹊是智慧的象征；在儒家眼里，喜鹊被奉为“圣贤鸟”，因为它一年到头无论是喜是忧，生还是亡，其叫声都始终如一。这种秉性，说明它骨子里的宁静淡泊，具备这一品质的无论人还是动物，被认为都是圣贤、君子的表现。

除去它的叫声，在民间最优美的传说，当属“鹊桥相会”了。每年阴历七月七日是牛郎会织女的日子，这一天，喜鹊要飞到天河上为牛郎和织女的相会搭起一座“鹊桥”；这一天，总会或多或少地下点雨，那是他们相思的泪水；这一天，人们是见不到喜鹊的，因为它们都飞到天上去“搭桥”了。

我观察过几年，在七月七这天确实很少见到喜鹊。至于下雨，此时正逢雨季，下雨是很正常的现象。可喜鹊都到哪里去了呢？难道它们真的“搭桥”去了吗？

真正的原因其实是七八月份是喜鹊的换羽期。这段时间，它们为了迎接寒冬的到来，要褪掉旧羽毛，长出新羽毛。身上的毛都没了，还出来活动个啥啊。等它们换上新的衣裳，才会再次活跃起来。

生活中，因为喜鹊是筑巢能手，它废弃的旧巢或者新建还未来得及使用的新巢，经常被懒惰的鸟儿，特别是红脚隼等（益鸟）侵占，从这方面说，它们是极具奉献精神的。

喜鹊的巢穴建立在离人们很近又高高的树枝上。每年寒冬它们开始衔枝营巢，这项宏伟的造巢工程雌雄都要参加，由于鹊巢所用的枝条粗大，雌鹊体力难以胜任，雄鹊自然要更辛苦些。它们从开始衔枝到初步建成巢的外形，需要两个多月，加上内部工程全部结束，要整整四个多月的时间。

从外面看，整个鹊巢为直立的卵形，巢侧留一个圆洞，口径正适合喜鹊的出入，外部枝条纵横，貌似很粗糙，其实它的内部结构非常复杂、精细。巢顶坚固厚实，即使遇到大暴雨也不会漏，最里面贴身的铺垫物，是用芦花、棉絮、兽毛、人发和鸟的绒羽混在一起压成的一床“席梦思床垫”。

如此舒适的巢穴，又建在高高的树枝上，自然非常引人注目，我们经常听说的“鹊巢鸠占”的成语，便由此而来。无论侵占还是利用，喜鹊都为这些不善营巢的朋友们建造了一个温馨舒适的家。

还有一个有趣的现象，那就是喜鹊多的地方，杜鹃鸟就多。这是因为杜鹃经常把蛋下到喜鹊的窝里，让它代为孵化。心眼实诚的喜鹊，只要是自己窝里的蛋，都兢兢业业地将它们孵化成功，结果是别人的孩子孵化成功了，它自己的子女却性命不保，小杜鹃会把还未孵化出来的喜鹊蛋或小喜鹊踢出巢外。

当我得知这些真相的时候，非常为喜鹊鸣不平。杜鹃鸟不筑巢也就罢了，还把蛋下到喜鹊窝里。俗话说，一个羊是放，十个羊也是赶着，占别人窝下蛋也就下蛋吧，毕竟不是性命攸关的事，可小杜鹃竟把小喜鹊踢出去，这品质就实在太恶劣了。

喜鹊除在繁殖期间成对活动外，平常成三五只小群活动，秋冬季节常集成数十只的大群。它们白天在农田、林场等开阔地方觅食，昆虫、草籽、人类丢弃的腐食，都是它们的食物。

食用人类丢弃的腐食，是作为留鸟的喜鹊，在田间一片荒芜寒冬里维持生存的首要食物。这也是它与人类近距离居住的原因。喜鹊的警惕性非常高，觅食时常有一只鸟负责守卫，雄鸟在地上找食，雌鸟则站在高处守望，雌鸟取食，则雄鸟负责守望，若发现危险，守望的鸟儿边发出惊叫声，边和觅食的鸟儿一起飞走。

喜鹊飞行时，整个身体和尾部成一直线，尾巴稍微张开，两翅缓慢地鼓动着，雌雄鸟常保持一定距离，在地上活动时则以跳跃式前进。鸣声单调、响亮，似“喳喳喳”声，常边飞边鸣叫。到了晚上，喜鹊飞至附近高大的树上休息，有时也与乌鸦、寒鸦混群活动。

对于喜鹊这一物种，它没有像麻雀那样被划为“四害”，也没有享受燕子贵宾级的待遇，它与人们不远不近地生活在一起。它既是被儒家奉为“圣贤”的鸟，又是最世俗的鸟，因为它与人类生活的太贴近，很容易就被借用了。像“小喜鹊尾巴长，娶了媳妇忘了娘”的俚语，借用喜鹊刻画了一个不孝子的形象，其实这个不孝子与小喜鹊一点关系都没有，只是中国传统文化的一种比兴手法。

像鹊登高枝、喜上眉梢、声名鹊起等词语均来自于喜鹊，古人为鸟命名，通常不是“科学定义法”，而是“文学定义法”，被称之为喜鹊且一直沿用至今，自然会有一个让人信服又感动的传说：

传说唐贞观末期，有个叫黎景逸的人，他家门前的树上有窝喜鹊，他常常喂它们。后来，黎景逸犯事入狱，狱中的他非常痛苦。有一天，他喂食的喜鹊非常高兴的在窗前不停鸣叫。黎景逸想，难道是有好消息来了？果然，三天后有个玄衣素衿的人，来传景逸无罪释放的圣旨。后来追查下来，方知道喜鹊为报喂食之恩，化为人形假传圣旨。

宋代彭乘的《墨客挥犀》卷二："北人喜鸦声而恶鹊声，南人喜鹊声而恶鸦声。鸦声吉凶不常，鹊声吉多而凶少。故俗呼喜鹊，古所谓乾鹊是也。"后来又称"灵鹊"。

无论南人北人，喜鹊作为离人类生活最近的鸟儿，在我们的生活中，或传统文化的表达上，已经占据了很重要的位置，成为文化表达的一个重要元素。

相关知识：

喜鹊是一种留鸟，体长40~50厘米，雌雄羽色相似，头、颈、背至尾均为黑色，并自前往后分别呈现紫色、绿蓝色、绿色等光泽，双翅黑色而在翼肩有一大形白斑，尾远较翅长，呈楔形，嘴、腿、脚纯黑色，腹面以胸为界，前黑后白。喜鹊在中国是吉祥的象征，自古有画鹊兆喜的风俗。

催耕之鸟
——杜鹃

英 文 名： Cuckoo

分布区域： 分布于北极圈以外的整个欧洲、亚洲和非洲。

保护级别： 列入《世界自然保护联盟濒危物种红色名录》无危级；中国《国家保护的有益的或者有重要经济、科学研究价值的陆生野生动物名录》。

年少时离乡漂泊近二十年，每当春夏交际，听着窗外杜鹃“不如归去，不如归去”的悲啼，内心总是感触万千。

“等是有家归未得，杜鹃休向耳边啼”是那时内心真实的写照。

杜鹃，因其叫声凄切，又不常为人们见到，引发出一种神秘感，也成为诗人吟咏的对象，为它的悲鸣大书特书。宋朝秦观“可堪孤馆闭春寒，杜鹃声里斜阳暮”及范成大“鸟啼一夜劝归去，谁道东川无杜鹃”等诗句，皆由杜鹃的叫声而来，在这里，它是哀婉、悲愁的象征。唐朝李商隐“庄生晓梦迷蝴蝶，望帝春心托杜鹃”跟吴融“剑阁西南远凤台，蜀魂何事此飞来”的诗句，则是由“望帝化为杜鹃”的传说而来。

杜宇号望帝，在蜀国称帝时，屡受水患之灾。望帝虽竭心尽力，仍不能平息灾难。后来，有一个叫鳖灵的人，声称能够治理水灾，于是望帝拜他为相，专门治理洪涝灾害。在他千辛万苦的治理下，原本淤塞的河道通畅了，洪水似千军万马从巫峡有序地喷薄而出。

自此，蜀国再无水灾。望帝按照当时惯例，主动将帝王之位禅让给了鳖灵。登上君主之位的鳖灵在开初之时，自然能勤勉亲政，后来渐渐懈怠下来，各种荒淫无度，苛捐杂税接踵而来，民不聊生。

见此情景，望帝心有不甘，他想去觐见鳖灵皇帝，劝他爱民亲政，无奈昏庸的鳖灵死活不见他。望帝懊恼自己因贪恋禅让之名，将一方百姓的幸福交到他人之手，他恨自己用人失察。一时间，懊恼自责涌上望帝心头，竟一病不起，他死后变成一只鸟儿，每当春夏交际，日夜悲啼，声声“不如归去”，仿佛告诉人们，是他将整个蜀国托付给鳖灵，让蜀国人民生活在水深火热之中。如今他只能劝勉人们，要勤于播种，因此，它的叫声，又似“布谷布谷”，仿佛提醒人们，时令到了，别忘了快快播谷。它日夜鸣叫，以致嘴边因为啼叫而滴血，一滴滴鲜血滴在山谷里，变成一簇簇火红的山花，人们为了纪念杜宇，便将此花取名杜鹃花，将鸟取名杜鹃鸟，又称子规鸟。

在一代又一代文人墨客的渲染下，杜鹃被推上文化鸟的宝座。可在古希腊著名哲学家亚里士多德的《动物志》中，它却是以卑怯著名的。成语“鸠占鹊巢”中的鸠，在很大比例上说的也是它。

有人曾经盘点过动物界十大欺骗高手，杜鹃名列榜首，说它是一种面目狰狞、残忍、专横的鸟。据说在英国，杜鹃鸟的名声也不太好，“cuckoo”在英语里，除了指杜鹃或布谷鸟外，还有疯人、狂人的意思。

为什么在文人笔下备受推崇的鸟儿，到了民间，竟然被如此诟病？这应该归功于杜鹃的生活习性。在约60种树栖种类的杜鹃鸟中，有三分之一的杜鹃鸟是巢寄生的。也就是说，它将卵产在其他鸟类的巢穴中，由它鸟代为孵化和育雏。

雌杜鹃在产卵之前，用心寻找巢中有与它的卵相似的巢穴，一旦目标选定，利用自己和鹞鹰身形相似的特点，从远处扑拉着翅膀变幻着姿势，吓唬正在孵卵的雌鸟，雌鸟猛然看见气势汹汹的杜鹃，以为是鹞鹰来了，吓得赶紧逃命。杜鹃就趁这个时机，在它们的巢里产下自己的蛋，它怕这种小伎俩被识破，会把巢中原先的蛋扔出去或吃掉一枚，以此达到数量与之前相等的以假乱真的目的。这么一只小小的鸟儿，如此工于心计，真不枉望帝幻化而来，天生自带帝王之术。

杜鹃鸟蛋的花纹与其他鸟蛋的花纹极其类似，再加上雌杜鹃的心计，再加上它们的蛋很小，孵化时间短快，因此被识破的概率并不大。在孵化时间上，它们自己更清楚，若不更早地孵化出来，就有被识破或抛弃的危险。

刚出壳的小杜鹃就非常老道，还没等眼睛睁开，就撅着屁股，把巢里没孵化的蛋扔出去。别看它尚未发育健全的翅膀，那么小，劲可大着呢，它以翅膀为支撑点，头顶着还未孵化出的鸟蛋，小心翼翼地往窝边挪去，到了窝边，再用额头顶着巢底，“忽”一下急剧地向后仰去，将那只蛋扔到巢穴外。以此类推，鸟蛋被它一只只相继扔出去，直到巢里只剩下它自己。

觅食回来的养父母们，看到窝里剩下唯一的孩子，只能更加精心地喂养。令人寒心的是，小杜鹃一旦羽毛丰满，就会被自己

的亲生父母带着远走高飞，再不顾它养父母的孵化育雏之恩了。

杜鹃这种不孵卵不育雏的现象，使它落了一身坏名声，可是对于一只每个繁殖期要产十枚蛋，下蛋的间隔时间很长，孵化期却很短的鸟儿来说，它既要产卵又要孵蛋，常常是喂养雏鸟就顾不上孵蛋，要孵蛋就顾不上喂养雏鸟。

更何况，在杜鹃的世界里，还有令人更加寒心的事情，那就是它们还有一个无比凶残的父亲。当雌杜鹃产卵时，雄杜鹃在一边虎视眈眈地盯着，一旦产出新蛋，这不近人情的父亲会将它大快朵颐，种种因素造成了杜鹃把蛋寄养在别家的习惯。除去这种毛病，杜鹃还有一个最大的缺点就是：懒。懒到什么程度呢？它自己从来不筑窝，总是抢占别人家的房子。

在自然界中，杜鹃除去捉虫之外，好像再没有其他优点可言了。需要值得一提的是，这个恶名占尽的鸟儿，却是十足的除害能手，像松毛虫、毒蛾等其他鸟类不敢吃的害虫，却是杜鹃的美味佳肴。

巢寄生的杜鹃，在自然界中仅占了它所有种类的三分之一，生活在印度和美洲大陆的杜鹃，还是非常尽职尽责共同养育小杜鹃的。

相关知识：

杜鹃又叫杜宇、子规、催归。它总是朝着北方鸣叫，昼夜不止，发出的声音极其哀切。2000年8月1日发布的“国家保护的有益的或者有重要经济、科学研究价值的陆生野生动物”名录，杜鹃名列其中。杜鹃科鸟分布于全球的温带和热带地区，在东半球热带种类尤多。杜鹃栖息于植被稠密的地方，胆怯，常闻其声而不见其形。体长不一，多数种类为灰褐或褐色，但少数种类有明显的赤褐色或白色斑，金鹃全身大部分或部分为有光辉的翠绿色。

执着的爱

——大苇莺

英 文 名： Great Reed Warbler

分布区域： 分布在从欧洲到中亚的广大地区。

保护级别： 列入《世界自然保护联盟濒危物种红色名录》无危级。

二姨的家，在潍河岸边，每年暑假，我都要去小住几天。二姨家还有个大我几个月的表哥，因我男孩子的性格与他极为相近，不等放暑假，他就早早盼着我的到来。

二姨家在潍河岸边，那里是我和表哥的乐园。

潍河两岸有大片大片的芦苇丛，潍河是我们的乐园，芦苇丛则是鸟儿们的乐园。野鸭在这里是最常见的，如果运气好的话，会在芦苇丛里捡到野鸭蛋。像什么杜鹃、戴胜、翠鸟，大苇莺之类的鸟也绝不在少数。在这些鸟中，最狡猾的要数杜鹃了，这在《杜鹃》《喜鹊》两篇里均已提过，不再赘述。最缺心眼的要数大苇莺了，大苇莺，又叫苇串儿。代杜鹃孵蛋育雏的，除了喜鹊，还有大苇莺，因为它的傻，常常成为代杜鹃孵化雏鸟的首选。

有一次，我们又在大苇莺的窝里发现了一枚杜鹃蛋。表哥看着年年给杜鹃孵孩子的大苇莺着实可怜，当时就嚷嚷着给扔出来，被我死活劝住了。后来不知道什么时候这枚蛋又被他揣回了家，嚷着让二姨炒着吃的时候被我听见了。当时我恶狠狠地跟他说，如果他把这枚蛋炒着吃了，就再也不跟他玩了。虽然我讲不出什么道理，但总觉得一只还没出生的小鸟被表哥吃了，是一件很残忍的事。二姨把表哥训了一顿，勒令他把蛋再送回去。

当我们把这枚蛋送回大苇莺的窝里时，傻傻的大苇莺，看见我们把它的孩子送回来，并没有像老人讲的那样，窝里有了陌生气息，弃巢或弃孵，而是高兴地傻傻地大叫。

表哥恨恨地看着我，说你看着吧，过不了几天，这就是一个小杀手。我知道表哥说的小杀手，指的是小杜鹃会把大苇莺窝里的蛋扔出去，或是刚孵出来的小鸟摔死这件事，可那又怎样，因为这样的后果并不是我们造成的。因为没有吃成这枚蛋，这事在表哥心里成了心事。隔三岔五总要去巡视一番。大约过了不到两个星期，我们再去看时，窝里只剩下一只小小的杜鹃了。

“哼！这都是你害的！”

虽然我也为大苇莺那些不知所终的孩子们惋惜，但还是为那只没有因为表哥的贪嘴过早夭折的杜鹃欣慰。小杜鹃在大苇莺的精心喂养下，一天天长大，甚至身体已经超过它的养父母许多，还是张着大嘴等着大苇莺来喂。表哥看着大苇莺天天辛苦地捕虫喂养别人的孩子，发狠跺脚，只是慑于我的威吓，才不敢下手。

不记得过了几天。有天晚上，在我们院附近，听到似是青蛙的叫声，刚开始都没在意，直到天快亮了，叫声不但没停止，反而越来越惨烈。二姨这才出去察看，原来是院子里的梧桐树上蹲着两只大苇莺，是它们在不停地叫唤。

二姨明白这肯定是表哥偷了它们的孩子。

在二姨的“押送”下，表哥将大苇莺的养子兼杀子仇敌送回去，这两只大苇莺才停止了鸣叫。当时并没觉得这件事有什么稀奇，只觉得大苇莺为了找回自己的孩子，能跟踪到二姨家很了不起。我曾经想过，都说大苇莺傻，在这件事上，大苇莺怎么傻了，它们是如何知道是表哥偷了它们的孩子，并且为了讨回它们的孩子，在二姨家窗外叫了整整一夜，这种执着的爱，如果小杜鹃能知道，它会不会为谋害养父母的孩子感到内疚呢？

这两只可怜的大苇莺，不辞辛劳地喂养着别人的孩子，谁能想到小杜鹃长大之后，在它亲生父母的带领下，飞走了，飞走了……飞走了……

至今我不知道这两只大苇莺，它们失去唯一的孩子，是如何伤心。

大苇莺除了执着，它还是个捕虫能手，主要以蜘蛛、甲虫、金花虫、豆娘和水生的昆虫为食，根据它们对食物需求的判断，大苇莺是典型的益鸟。当然，它们也会吃一些水生植物的种子。

大苇莺喂养小杜鹃

大苇莺是我们这里的候鸟，春夏两季，几乎遍布在每一个水源地，以芦苇及近水的灌木丛为栖息地。在芦苇丛里活动时，身子显得非常笨拙，常常把芦苇弄得乱糟糟的，这也是我们能轻易找到它们的原因。

大苇莺的巢建在距离水面约一米的地方，悬挂在几根苇草之间，远远看去像一个大杯子。筑巢的工作基本由雌鸟来做，雄鸟负责运送筑巢的材料。筑好巢之后，雌鸟就生

蛋孵小宝宝了，它们一窝产三到六枚蛋，蛋呈绿白色或蓝绿色，上边有褐色或橄榄褐色的斑点及黑灰色或灰色小斑点。

大苇莺在孵蛋的时候，会非常警惕地守卫着它的巢穴，每当有其他鸟类侵入，它们大声鸣叫，对杜鹃更是严防死守。俗话说“不怕贼偷，就怕贼惦记”。只要被杜鹃瞅上了，把蛋生在它们家，是迟早的事。说大苇莺傻，其实应该说它实心眼，只要是在窝里的蛋，不管是它的还是杜鹃的，都视为自己的孩子。

大苇莺的叫声清脆尖厉，没有很大的变化，只是简单的两种音节，“嘎嘎叽”的叫声，冷不丁听上去，像是青蛙在叫，只有在冬季它们的叫声才会变得沙哑。

寻找孩子时，大苇莺那么执着勇敢，生活中，它的胆子却是非常小的，常常在毫无原因的情况下，突然飞向更高更远的地方，飞行的时候，尾羽张开，像一把小小的扇子。

说实话，大苇莺并不漂亮，它毛色单一，只有尾巴和翅尖的地方颜色稍微深点，细长的腿，非常有力的爪子，头顶上的羽毛，毛茸茸的，说毛茸茸的不怎么确切，怎么说呢？应该像受到惊吓炸了毛的宠物。

大苇莺是迁徙类鸟，在东南亚地区繁殖，到了寒冷的冬天，它们从新疆北部向东南方和南方飞去，甚至飞过我们的边境线。它们如此弱小的身躯，却能够胜任长途飞行，这种耐力与执着，是值得我们钦佩的。

相关知识：

大苇莺，属小型鸟类型，雌雄两性羽色相似。眉纹淡棕黄色；眼褐色；翅褐色，具淡棕色的边缘；尾羽亦褐色，但较翅羽的褐色稍浅。顶部是棕色，上体呈黄褐色，腹面淡棕黄色，两胁较深，腹部中央转为乳白色。栖息于海拔200~1500米的湖畔、河边、水塘、芦苇沼泽的茂密芦苇丛中，或附近的灌木丛和园林。常栖匿于河边或湖畔的苇丛间，有时也飞至附近的树上，主食昆虫。

和平的象征
——鸽子

英 文 名： Pigeon

分布区域： 除南北极外，世界各地均有分布。

保护级别： 在众多鸽形种中，仅斑尾林鸽是国家二级保护动物。

鸽子是一种非常常见的鸟，它广泛分布在世界各地。

过去，鸽子被信奉为爱情的使者，和平的象征。它真正作为世界和平的象征并被公认，始于西班牙画家——毕加索。1940年的某一天，毕加索正心情沉闷地在画室里，这时，他的邻居手捧一只鲜血淋淋的鸽子来敲门。

原来老人的孙子养了一群鸽子，平时他都是用白布条作信号来招引鸽子。当他得知父亲在保卫巴黎战争中牺牲时，悲愤的他内心燃起仇恨的火焰。他想白布条代表战争中向敌人投降，于是他改用红布条招引鸽子，结果显眼的红布条被惨无人道的德军发现了，他们把他扔到楼下，还用刺刀把笼子里的鸽子全部挑死。

老人讲到这里，对毕加索说："请您给我画一只鸽子吧，以纪念我惨遭杀害的孙子！"。

毕加索闻听此言，内心战栗着，他不假思索，立即挥笔画出一只飞翔的鸽子，这就是“和平鸽”的雏形。

1950年11月，为纪念在华沙召开的世界和平大会，毕加索再次挥笔画了一只衔着橄榄枝的飞鸽，当时智利诗人聂鲁达称它为“和平鸽”，由此，鸽子才被正式公认为和平的象征。

在西方国家，关于鸽子的传说还有很多很多，相比较来说，在东方传统文化中，鸽子却是出场率非常低的。在向来喜欢借物言志的文人们的笔下，鲜有它的踪迹。

日常生活中，虽然经常见到它，却很少人去注意，它不像麻雀那样容易引起人们的争议，不像燕子那样备受关爱，更没有像乌鸦那样，被赋予众多使命，直到毕加索的两幅画，鸽子才进入我们思想的视野。

无论是传说还是象征，都是人类赋予它的使命。生活中，鸽子是非常具有实用价值的鸟类。除去它较强的飞行能力，它还有严重的“归巢性”。所谓归巢性，就是任何变故都不可能改变鸽子返回故乡的决心。故乡，是它们出生的地方，是它们一生生活的地方，若是遇到危险或恐怖的事情，这种归家的欲望更加强烈。事实证明，无论把它带到多远的地方放飞，它都会竭尽全力，以最快的速度回到家中。

人类利用鸽子的这种特征，培养出不同品种的信鸽，普遍应用于航海通信、商业通信、新闻通信、军事通信、民间通信等。

抛开鸽子的应用价值，鸽子还具有一个少为人知的秘密：迷信行为。有人做过实验，把鸽子关在箱子里，每隔十秒往箱子里放一块糕点，如果鸽子此时恰巧正在转身，那么这只鸽子会一直不停地转身，因为它迷信地认为，只要自己转身，就会有点心。如果鸽子恰巧在啄了一下箱子的时候糕点掉下来，它也会不停地啄箱子。这种认知，到底是属于迷信还是实心眼呢？

这种品种繁多小巧玲珑的鸟儿，还是一个繁殖能手，它每年产卵八窝，每窝两枚蛋，雌鸽产完蛋就进入孵化期了，此时，雄鸽跟它一起孵蛋，早上雄鸽孵卵，雌鸽外出觅食；到下午四五点钟则换成雌鸽孵卵雄鸽觅食，大约将近20天即孵化成功。若在这期间，产下的卵孵不出小鸽子，雌鸽放弃孵卵，另觅新巢重新产卵、孵蛋。新孵出的幼鸽经过40天的喂养才能自己觅食。

鸽子是完全食谷类的鸟儿，既然完全吃谷类，不可能不偷我们的粮食，既然如此，却一直没有引起人类的反感。我不明白，能帮助人类消除害虫的麻雀，只在秋冬季节偷食，就被老百姓称为老家贼；猫头鹰因为喜食腐肉，被称为报丧鸟，人们对于近在咫尺的鸽子却毫无异议，这又是什么原因呢？

相关知识：

鸽子在世界各地广泛饲养，主要用于通信和竞翔。鸽子和人类伴居已经有上千年的历史了，考古学家发现的第一幅鸽子图像，来自于公元前3000年的美索不达米亚，也就是现在的伊拉克。

森林卫士
——啄木鸟

英 文 名： Woodpecker

分布区域： 除大洋洲和南极洲外，均可见到。中国各地均有分布。

保护级别： 国家二级保护动物。

父亲很擅长讲故事，从天上的鸟儿，到地上的蛤蟆，从山中的狐狸到身边的刺猬，每一种动物，在父亲嘴里都有一个精彩的故事。印象最深的还是啄木鸟的故事。

父亲说，当年乾隆皇帝三下江南之后，对南国旖旎的风光虽无限留恋，可总要回京处理朝政。回朝途中，路过鲁中大地时，问身边大臣，鲁地可有风景怡人之处？其中一人回答说，密州人杰地灵，值得一游。乾隆一听，马上召宰相刘墉过来询问。

刘墉一想，此时正值四月末五月初，小麦即将开镰收割，若万岁爷真去密州游览，这一路还不闹得人仰马翻，家乡的百姓可就遭殃了。忽然，他见路边树上有一只啄木鸟，正在一心一意地啄树吃虫，心生一计，向皇上回禀：“密州虽然是个有山有水的好地方，只是那里还有一宝。万岁爷，请您往路边树上看。”

乾隆往树上一看，只见一只脖子长脑袋大，嘴巴像凿子一样的鸟儿正在啄树洞呢。刘墉接着说：“万岁爷，您看见没？像这种鸟，在密州遍地都是，专门啄陌生人的眼睛。”乾隆一听，这还了得？急忙吩咐起驾，唯恐一个怠

慢被啄了眼睛去。

父亲讲完这个故事之后，我总要缠着父亲问啄木鸟的样子，是不是真的啄人的眼睛，父亲呵呵笑着说，那是啄木鸟给大树治病呢，怎么会啄人的眼睛呢。

小时候，我没见过啄木鸟，曾有次在潍河边偶遇过一只戴胜，几乎误认为是啄木鸟，后来回家问父亲，父亲听了我详细的描述后，说那怎么能是啄木鸟呢？那是戴胜。接着父亲详细描述了啄木鸟与戴胜的区别：

啄木鸟的头大颈长，嘴刚硬而直，舌长能伸缩，羽干坚硬富有弹性，啄木时用来支撑身体，这恰恰是戴胜所缺少的。啄木鸟的捕虫本领极为高超，它不仅能啄开树皮，还能啄开坚硬的木质部分，舌头细长柔软，像一把钩子能伸出嘴外，还有一对很长的舌角骨，围在头骨的外面，舌角骨的曲张，可以使舌头伸缩自如，舌头上还有成排的倒钩和黏液，非常适合钩取树干里的昆虫和幼虫。戴胜却只能在地上啄食土里的虫子。

当我问及啄木鸟的叫声时，父亲说，如果在树林里仔细听，会听到"笃笃笃……"的声音，那就是啄木鸟。它先是用嘴敲击树干，如果发现树干上有虫，就紧紧地贴在树上，先将树皮啄破，用钩子一样的舌头把虫子钩出来吃掉。

虽然啄木鸟只是一只小小的鸟儿，却聪明着呢。当它遇到虫子躲在树洞深处时，还会击鼓驱虫。它用嘴在树干上到处乱敲，发出使虫子害怕的声音，躲在树洞里的虫子，听到这种声音会吓得到处找出口往外逃跑，结果正好被守在树洞边的啄木鸟擒而食之。在给树木治病这件事上，啄木鸟异常执着，一点不亚于大苇莺寻找孩子的精神，如果这棵树的小囊虫不彻底消灭，它不会转移目标，如果这棵树遭受的虫害严重，它会一直在这棵树上连续作战，直到将害虫全部消除干净为止。

"丁丁向晚急还稀，啄遍庭槐未肯归。终日为君除蠹害，莫嫌无事不频飞。"这是赞美啄木鸟辛勤劳作最中肯的诗作，也是在世间流传最广泛的作品之一，由此可见人们对啄木鸟的喜爱。因为啄木鸟在森林中，专门驱害捉虫，人们以此引申，把啄木鸟视作为人类除害的公安干警的化身，以此讴歌他们。

对人类，还有一个连啄木鸟自己都不知道的贡献。1979年加利福尼亚的美国科学家May等人训练了一只啄木鸟，他们发现啄木鸟每天敲击树木约五、六百次，而且速度非常快，这种情况下，它的头部不可避免地产生非常剧烈的震动，可是它既不头痛也没得脑震荡之类的疾病，这是什么原因呢？

有人研究发现，啄木鸟的头盖骨结构非常疏松，里面充满空气。头骨的内侧还有一条狭窄的通道，在外脑膜和髓之间有一条空隙，含有液体。这样它就减低了震波的流体传动，起到减震作用。还有在它头部两侧都生有发达而强有力的肌

肉，可以起到防震消震的作用。人类根据啄木鸟脑部的特点，经过反复研究，生产出了防护安全帽。

现在防护安全帽都有一个坚硬的外壳，里边是一个松软的套具，它们之间留有一定空隙。这一切都与啄木鸟的头部构造几乎完全相同。而帽中加上的那个防护领圈，则仍是来源于啄木鸟头部两侧发达的肌肉，是为了防止在突然碰撞时造成旋转运动而对颈部造成伤害。

在春天来临的时候，啄木鸟会发出响亮的叫声，这是在警告不得侵犯它的地盘，叫声往往因为树洞的共鸣而特别响亮。其他季节里，啄木鸟是安静的。它不像别的鸟儿那样站立在树枝上，而是攀缘在直立的树干上。

每年五月，是啄木鸟繁衍后代的季节。它们四处寻找伴侣，然后交配产卵。正常情况下，每天产一枚卵，一窝要三枚才能孵化。孵卵由夫妇轮流承担，每天交换十多次。十天后，雏鸟就破壳而出了。喂养一个月后，雏鸟出巢学习飞翔、啄木。五十天后，雏鸟离开父母，开始独立生活。

因为啄木鸟为保护树木作出巨大贡献，人们称它为“森林卫士”或“树木医生”。在我国的一些古书里，很早就有啄木鸟食虫的记载。《禽经》记载赞其“志在木”，《本草纲目》则指出：“此鸟斫裂树木取蠹食，故名。”就是这样一只对人类有百益而无一害的鸟儿，已经鲜见身影，我不知道多少年之后，天空还会有鸟儿飞过吗？

相关知识：

啄木鸟除大洋洲和南极洲外，均可见到。该科鸟类体长90~560毫米。头亦大，但颈较长，嘴强硬而直，呈凿形，舌长而能伸缩，先端列生短钩；脚稍短，具3或4趾；尾呈平尾或楔状，羽干坚硬富有弹性，在啄木时支撑身体。啄木鸟可以在树上凿孔钩虫，它的嘴巴又长又尖又硬，能一直插进坚硬的木质部，舌头又长又细，长了许多倒刺，表面布满一层黏液，可以准确无误地把害虫钩出来。主要吃隐藏在树干内部的天牛、透翅蛾、吉丁虫等害虫。

行者的离殇
——中华鹧鸪

英 文 名： Chinese Francolin

分布区域： 分布于柬埔寨、中国、印度、老挝、缅甸、泰国和越南。

保护级别： 列入中国《国家保护的有益的或者有重要经济、科学研究价值的陆生野生动物名录》；列入《世界自然保护联盟濒危物种红色名录》无危级。

“行不得也，哥哥。”是鹧鸪的叫声，因叫声凄切婉转，被视为离愁别绪的化身，称它为“行者的离殇”。古人常借它的叫声抒写逐客流人之情。辛弃疾的《菩萨蛮·书江西造口壁》流传最为广泛：郁孤台下清江水，中间多少行人泪？西北望长安，可怜无数山。青山遮不住，毕竟东流去。江晚正愁余，山深闻鹧鸪。

日晚山深，此一暮色苍茫又具封闭式意味的境界，无异为词人沉郁苦闷的写照，暗暗应合上阕开头孤郁意象，江晚正愁，却惊闻山中传来凄切“行不得也，哥哥”的叫声，愈添沉郁凄迷之意，怎不令人愁肠百转。

鹧鸪又叫中华鹧鸪，体形似鸡而比鸡小，但比鸡俏丽。羽毛大多黑白相间，黑色又因颜色较浅，又与褐色相近。头顶黑褐色，四周棕栗色，脸部有一条白带从眼睛的前面一直延伸到耳部，这条白带上下分别嵌有浓黑色的边。身体上的羽毛除颏、喉部为白色外，黑黑的体羽上点缀着一块块卵圆色的白斑，上体的较小，下体的稍大，下背和腰部布满了细窄而呈波浪状的白色横斑；尾羽为黑色，上面也有白色的横斑，色彩对比十分鲜明。鹧鸪的整体色彩丰富艳丽，远远看去，清秀俊朗。

春天是鸟儿求偶的季节，鹧鸪也不例外。求偶时，雄鹧鸪在山岩上高声鸣叫，它的歌喉相当美妙。当晨曦来临时，雄鸟们站在高高的树枝上，放声歌唱，往往一鸟高唱，群鸟响应，叫声此起彼伏响彻山宇，给万物复苏的春天带来勃勃生机。

3~6月间是鹧鸪繁殖的季节，山地的草丛或灌木丛是建造巢穴的首选，它们在草丛或灌木丛中啄个小坑，里面铺上鸟类的羽毛、干草、落叶等，虽然简陋，但也温馨。雌鹧鸪是非常恋窝的，孵蛋时即使有人走到跟前也不会逃走。从另一个方面讲，这是母爱的本能，恋窝是为了保护身下的孩子们。

鹧鸪每窝产卵三至六个，多时七八个，卵呈梨形，白色或乳白色。鹧鸪的孵化期大约在三周左右，孵化时间与其他鸟儿并无二样，只是它们破壳的时间很长，需要四十多小时。小鹧鸪的自立能力非常强，刚刚孵化出就能跟着雌鸟四处活动，也有性子急的小鹧鸪，头顶的蛋壳还没完全褪尽，就顶着到处走动。

刚出生的小鹧鸪是一种非常机智的鸟儿，每当有人或敌人靠近它们，因为小鹧鸪还不具备自我保护的能力，它们会立即到草丛中藏起来，雌鹧鸪故意向相反的方向逃走，以此将敌人引开。小鹧鸪的机智与雌鹧鸪的舐犊之情，完美地结合在一起，使它们在敌害面前，得以更好地保护自己。

鹧鸪的占有欲非常强，尤其是雄鹧鸪，民间有一山不容二鸪之说。在同一座山上，如果两只雄鹧鸪相遇，必然引起一番争斗，直至分出胜负为止。它们对巢区的保护，保证了繁殖期中的成鸟和雏鸟有充足的食物供应，也使它们有着较为均匀地分布。

在繁殖期，雄鹧鸪常常因为争夺雌鹧鸪和地盘发生战斗。它们虽然好斗，胆子却极小，一旦听到声响，立即往高处飞走。飞行时呈直线型，飞得特别快，只是持续飞行的时间很短。

鹧鸪属于杂食性鸟类，杂草、籽实、水果、树叶、昆虫都是它们的食物，蚱蜢、蝗虫、蟋蟀、蚂蚁等昆虫是它们的最爱，在没有昆虫的季节，它们也食草类的种子、水果、树叶维持生命，也常常到农田捡拾落漏的谷粒，喜欢单独或成对在干燥的褐露岩坡上活动，清晨和黄昏到山谷间觅食。

鹧鸪属于南方候鸟，海南、广东、广西、江西、香港、浙江、福建、云南、安徽、贵州等地居多，也有极少数量的鹧鸪生活在山东烟台一带。

在粤北瑶山，传说鹧鸪是由一个美丽善良的少女变的。很久很久以前，在瑶山山寨里，有一个长得非常漂亮、家里又非常富裕的阿妹，爱上了个失去父母家里又很穷的后生，这个后生诚实善良又多情。

每当月亮爬上山顶的时候，后生都到阿妹的窗下唱情歌，倾诉对姑娘的爱恋，姑娘也由衷地爱上了他，他们沉浸在爱情的欢乐与幸福中。

只是他们的爱情不被阿妹的父母看好，他们怕女儿嫁到穷苦的后生家吃苦受累，因此不同意这门婚事。为了断绝女儿与后生的来往，父亲将阿妹关进柴房，当后生又来到阿妹窗下唱歌时，再也听不到阿妹的回应，后生在阿妹的窗下唱了整整十八个夜晚，一点回音都没有，他想到自己再也见不到意中人时，他哭了，哭得肝肠寸断，撕心裂肺，他和着血泪叫出最后一声“阿妹啊！”后，倒在地上再也没有醒来。

阿妹听说心爱的人哭死在自己窗下，她不吃不喝又哭又闹，母亲见状，心疼她，瞒着父亲将她放了

出来，阿妹出来后立即跑到后生的墓前大哭。

从此之后，人们再也没有见过她，只是常常在深山里听到“行不得也，哥哥”的叫声，人们断定这种鸟是由阿妹变成的，因其叫声充满幽怨，又常常在深山中听到，才被古人屡屡借以抒写其离别之情。

其中最为人称道的首推晚唐诗人郑谷的七律——《鹧鸪》，其诗最大特点，在于把鹧鸪之声与游子之情融为一体，既咏鸟，又咏人，读之清音袅袅，品之余味无穷。元朝辛文房在《唐才子传》中誉其为“警绝”，郑谷也因此诗被称为“郑鹧鸪”。

鹧鸪

郑谷

暖戏烟芜锦翼齐，品流应得近山鸡。
雨昏青草湖边过，花落黄陵庙里啼。
游子乍闻征袖湿，佳人才唱翠眉低。
相呼相应湘江阔，苦竹丛深春日西。

相关知识：

鹧鸪，有很多种类，在中国仅有一种，又名中华鹧鸪，体形似鸡而比鸡小，羽毛大多黑白相杂，头顶黑褐色，四周围有棕栗色，脸部有一条宽阔的白带从眼睛的前面开始一直延伸到耳部，在这条白带的上面和下面还镶嵌着浓黑色的边儿。成年的鹧鸪全长约30厘米，体重约300克。3~6月间繁殖，在草丛或灌木丛中做巢，每窝产卵3~6枚，多时7~8枚，卵呈梨形，白色或乳白色。

山鸡照影
——雉鸡

英 文 名： Pheasant

分布区域： 中国、欧洲东南部、日本等。

保护级别： 列入《世界自然保护联盟濒危物种红色名录》无危级。

战国稷下学宫《尹文子·大道上》载：楚人有担山鸡者，路人问曰："何鸟也？"担者欺之曰："凤凰也。"路人曰："我闻有凤凰久矣，今真见之。汝卖之乎？"曰："然。"乃酬千金，弗与；请加倍，乃与之。方将献楚王，经宿而鸟死。路人不遑惜其金，唯恨不得以献耳。国人传之，咸以为真凤而贵，宜欲献之，遂闻于楚王。王感其欲献己也，召而厚赐之，过买凤之直十倍矣。

这个故事讲的是有一个担着山鸡的楚国人，碰到一个路人问他："这是什么鸟啊？"挑担的人骗他说："这是凤凰啊。"路人说："我很久之前就听说有凤凰这种鸟，今天让我见到真正的了，你卖不卖啊？"那个人说："不卖。"路人出千金来买，对方还不卖，他提高一倍的价格，对方才把山鸡卖给他。他想把这只"凤凰"献给楚王，只是在路上住店的时候，这只山鸡就死了。路人并不担心说他的钱白花了，只是觉得没有机会把这只"凤凰"献给楚王感到很遗憾。楚国大家纷纷传说这件事情，都以为那是真的凤凰，是适合献给楚王的。后来楚王听说了这件事情，楚王被他想要进献给自己的忠心感动，把那个人召进宫里，极其丰厚地奖励了他，奖励的价值要超过买那只凤凰的十倍还要多。

这个故事一是用来比喻楚人不辨真伪，错把外表艳丽的山鸡，当成了现实生活中并不存在的凤凰，费“千金”买下，而闹出的笑话。楚王并不知道凤凰长得什么样子，就糊里糊涂地把山鸡当凤凰，给献鸡者以重赏，也留下了千古笑柄。

楚客山鸡，这一成语也用于对有所奉献者的自谦、自嘲之词。我将它写在这里的目的，只是借它说明山鸡的颜值。如果山鸡丑陋不堪，路人怎会将它当成凤凰而以重金收购？

山鸡，是我国较之麻雀之外又一常见的鸟类，又名雉鸡、七彩锦鸡、野鸡等。它们体形比家鸡略小，尾巴却长得多。雄山鸡体长在90~100厘米，在这不到一米的身长上，尾巴的长度占了身体的二分之一。它们羽色华丽，尤其是雄山鸡，头顶是亮闪闪的黄铜色，两侧有微白眉纹；背部前方为金黄色，向后转栗红色，再后为橄榄绿色，中间夹杂着黑白斑纹；腰侧纯蓝灰色，向后转栗色；胸呈金属带紫的铜红色；尾巴特别长，尾羽中央黄褐色，两侧紫栗色，具有横斑。而雌山鸡则体形较小，羽色暗淡，大都为褐色和棕黄色，尾上黑斑缀以栗色更为显著，尾羽较短。

正因如此华丽的外表，楚人才将它误认为凤凰。在我国自古就有送人山鸡的传统，借以表达吉祥如意和前程美好的愿望。

山鸡拥有如此高的颜值，自然常

常顾影自怜，它们在山涧泉边，常常临水照影。宋朝王安石的“山鸡照渌水，自爱一何愚。文采为世用，适足累形躯”和黄庭坚的“山鸡照影空自爱，孤鸾舞镜不作双”之句，都是借用《山鸡照影》的典故，描述山鸡的自恋之态。

自恋的山鸡，还有一个典故：魏武帝在铜雀台打猎时，南方进贡一只山鸡，这只山鸡虽然美丽异常，却整天无精打采。魏武帝想尽一切办法，想让它精神起来，可是无论如何努力，山鸡还是一如既往。后来，曹冲令人抬来一面大镜子，放在山鸡面前。不知是山鸡被自己的美貌陶醉，还是觉得有只比它更漂亮的鸟儿来与它媲美，竟然对着镜子跳起了舞。

这个典故，说明山鸡是的崇尚美丽的化身。真正的山鸡，除了拥有美丽的外表，还是吃苦耐劳并不择生存环境的鸟儿。山鸡的适应性非常强，可以说它们是鸟类动物中，对生存环境最不挑剔的，从平原到山谷，从河流到丛林，都有它们的身影。无论是在三十多摄氏度的夏季，还是在冰天雪地的冬天，它们照常觅食、嬉戏，风吹日晒对于它们，根本没有丝毫影响。

山鸡平时栖息在山中草丛或荫蔽植物的丘陵中，冬天则到山脚下的草原和田野里。在冬天单调荒凉的原野，它们美丽的身影有着不可比拟的惊艳。

山鸡的胆子非常小，寻找食物时，时常抬起头来观察周围，如有动静会迅速逃窜。成鸟带领小山鸡觅食时，如遇敌人，雌雄山鸡会佯装成瘸腿或拍打翅膀假装受伤，以此引开敌人，达到保护孩子的目的。

山鸡的集群性非常强，在繁殖季节，它们以雄山鸡为核心，组成相对的繁殖群，独居一处活动。它们的集群性并不包括成年的雄山鸡，仅限于雌山鸡和它的孩子们。雄山鸡是非常善于争斗的物种，若在它的领域之内，有其他雄山鸡闯入，搏斗自然不可避免。待雌山鸡将小山鸡孵出来之后，仍然由雌山鸡带领小山鸡们活动、觅食，等这些小山鸡长大，它们又重新组成新的觅食群。

山鸡的胃囊特别小，因此食量也很小，在觅食的时候，吃一点点就走，转一圈回来再吃。昆虫、小型的两栖动物、谷类、豆类、草籽及植物的绿叶嫩枝都是它们的食物。

山鸡的繁殖期在每年的二月份到六月份，一只雄山鸡可同时与两到四只雌山鸡组成相对稳定的交配群，五六月份是繁殖高峰。雌山鸡每年产蛋两窝，也有个别的能产到三窝，每窝十五到二十枚蛋，蛋壳为橄榄黄色，椭圆形。

山鸡的家非常简陋，简陋到只在草丛或灌木丛下的隐蔽处，垫上点枯草、落叶等柔软的东西，就成了家。雌山鸡就在这个简陋的家里，产蛋、孵蛋。除此之外，它还要躲避雄山鸡，因为如果一旦让雄山鸡发现，它会毁巢啄蛋。

这是一个非常令人费解的问题，在动物界中，为什么母亲与父亲的差别这样大呢？

相关知识：

雉鸡，又叫野鸡、山鸡。性情活泼，善于奔走而不善飞行，喜欢游走觅食，奔跑速度快，高飞能力差。雉鸡是杂食鸟，喜欢吃各种昆虫、小型两栖动物、谷类、豆类、草籽、绿叶嫩枝等。

万千宠爱集一身
——孔雀

英 文 名： Peafowl

分布区域： 印度、斯里兰卡和东南亚等地均有分布，中国仅见于云南西部和南部。

保护级别： 列入《世界自然保护联盟濒危物种红色名录》濒危级（绿孔雀），易危级（刚果孔雀），无危级（蓝孔雀）；绿孔雀为国家一级保护动物。

摄影：段学春

在伊朗的传说中，孔雀用唾沫把尾巴上的羽毛，涂抹成铜绿色和金蓝色，它看上去像夜空中闪烁的繁星，因此被看作是和谐统一的象征；在希腊神话中，孔雀象征赫拉女神；在印度，人们认为孔雀开屏时华丽无比的羽毛，如灿烂的朝阳，因此它又是太阳的象征；在中国，孔雀一直备受人们推崇，认为它能驱除妖魔鬼怪，又因为它见到漂亮女子会打开尾屏翩翩起舞，因此，它又是“美”与“尊严”的化身。

唯有在英国，孔雀在延伸意义上含有贬义，象征一个洋洋自得、炫耀自己的人。因为在人们表扬它时，它会打开尾屏，翘起尾巴，优雅地转动身躯向人们展示它的美丽，殊不知，此时装将它并不雅观的屁股暴露无遗，而它浑然不觉，显出一副滑稽可笑的样子。

孔雀是鸡形目中体型最大的，蓝孔雀分布于印度和斯里兰卡；绿孔雀分布于东南亚，在我国仅云南西部和南部有野生孔雀，但数量极其稀少。现代有白化品种，因为全身雪白被称为白孔雀。

1936年发现的刚果孔雀，体长70厘米，雄性体黑色，头顶具白色簇羽，雌性绿色和棕色，分布于非洲热带地区。

孔雀属于留鸟，蓝孔雀的人工繁殖技术非常成熟，所以在我国大部分地区的动物园里都可以见到它的身影。绿孔雀则没有那么乐观，到2014年为止，这个物种在所分布的区域内已是凤毛麟角，预计未来将会持续下降，如果不加强保护措施，十年内云南野生绿孔雀将灭绝，绝不是件耸人听闻的事。

野生孔雀喜欢清晨或傍晚觅食。它们喜欢成群活动，多数由一只雄孔雀带领几只雌孔雀和一群亚成体组成的小群，一般在五到十只之间，也偶尔有单只行动或一雌一雄成对活动。

孔雀生活在海拔两千米以下的热带或亚热带的常绿阔叶林和混交林中。白天，在靠近溪流处生活，走路时步履矫健，一步一点头，遇到敌害时则迅速往密林处逃窜。这个时刻，体重与尾屏是飞行时最大

摄影：段学春

的障碍，所以它们很少起飞，降落时的速度却非常快。

孔雀生性机警，也胆小怕人，活动时不时抬头观望周围动静，一旦发现对它不利的情形，立即逃走或鼓翼向远处飞去。

每年的三到六月，是蓝孔雀的繁殖期，绿孔雀的繁殖期在六月到十二月。此时的雄孔雀羽毛灿烂，常常数只雄孔雀围绕在一只雌孔雀身边，将五彩斑斓的尾屏打开不断抖动，发出沙沙的声响，有时雄孔雀还为争夺一只雌孔雀发生决斗。此时的雌孔雀是典型的花痴，被雄孔雀美丽的外表完全迷醉。

配对成功后，雌孔雀开始产卵，一般每隔一天产蛋一枚，在四到八枚之间，常为五到六枚，在它们简陋的巢内，开启了艰难的孵化之旅。

孵化的任务同样由雌鸟担任，经过二十八天到三十天才能孵出小孔雀。刚刚出生的小孔雀喜欢躲在妈妈羽翼下生活，它们生长缓慢，第一年样子与雌孔雀相同，唯一不同的是小雄孔雀的颈部羽毛比较鲜艳，第二年它们才长成与同性鸟相同的样子，只是小雄孔雀还没有尾屏；到第三年，它们才长成成年孔雀的模样，此时雌孔雀羽毛鲜亮，雄孔雀尾屏张扬，它们最美丽的时刻来了。

孔雀对羽毛的爱惜，绝对具有宁为玉碎，不为瓦全的精神。危险时刻，它们会选择逃生，但假若逃生对羽毛产生损伤，它们宁愿束手就擒，也不会张开翅膀飞走，哪怕因此以生命为代价。

猎人利用孔雀这个特点，专门在雨天去捕捉它们，因为淋湿的羽毛在飞翔时会受到严重损伤，因此孔雀宁可被擒也不会逃跑。

汉代刘向《说苑·杂言》中有：“夫君子爱口，孔雀爱羽，虎豹爱爪，此皆所以治身法也。”此话的意思是仁人君子要注重自己的言论是否得当，孔雀关心自己的翎羽是否美丽，老虎、豹子等猛兽在意自己的爪子是否锐利，这都是他们各自修炼、提高自身的方法。

“爱惜羽毛”早已化作成语，用来比喻人应该珍惜自己的名声，就像孔雀珍惜自己的羽毛一样，行事要谨慎，常和“严于律己”等词连用。

孔雀的传说在我国有很多很多，在傣族流传的《孔雀公主》又名《召树屯》的故事广为人知。

摄影：朱家迎

那是一个在云南少数民族地区流传了千年的故事，故事讲述了在孔雀王国里有七位公主，她们美丽善良，每个人都有一件华丽孔雀羽衣。每隔七天，她们都要飞到金湖里洗一次澡。

有一次召树屯王子打猎路过这里，他爱上了最小的公主南穆娜，可是还没等他唱首情歌表达情意，孔雀公主们就飞走了。他在湖边等了七天七夜，等她们又来洗澡的时候，他悄悄取走了小公主南穆娜的羽衣，小公主在寻找羽衣的过程中，爱上了王子。

他们新婚后不久，边境爆发战争。召树屯王子不得不告别新婚妻子，带领士兵到前线抗击敌人。

王子一离开，小公主南穆娜的灾难就降临了。负责祭祀的摩祜拉一直想把自己的女儿嫁给王子，却被南穆娜抢了先，他怀恨在心。等王子一走，就在国王面前搬弄是非，说是南穆娜公主给他们带来的噩运，只有用她的血祭勐板加的神灵，勐板加才会消除灾难。老国王不明真相，误听了摩祜拉的谗言，决定忍痛处死他的儿媳——孔雀公主南穆娜。

突然降临的灾难，令南穆娜十分伤心，虽然她并不怕死，但决不能被冤枉而死。在老国王即将行刑的时候，她打开羽翼振翅飞上蓝天，她带着伤心和失望飞回了家乡——孔雀国。

胜利归来的召树屯王子，还未回到宫殿，就听到妻子南穆娜被陷害的消息。他气愤填膺，发誓一定要把她找回来。他骑上战马、挎上战刀，毅然离开了皇宫，经过九百九十九天的寻找，在神猴和神龙的帮助下，从巨蟒身上越过了能熔化刀剑的黑河，翻过了像风车不断旋着的大风山，到达了孔雀公主的家乡。

南穆娜见到为了寻找自己而受尽磨难的召树屯王子，被感动的泪流满面。孔雀公主们也为南穆娜得到真正的爱情而欣慰。此时，整个孔雀王国彩霞满天。后来，在孔雀公主和召树屯王子的治理下，一片欣欣向荣。从此，傣族人民更加崇拜孔雀，热爱孔雀，把孔雀视为吉祥幸福的象征。

自古以来孔雀被视为百鸟之王，它是吉祥、善良、美丽、华贵的象征，人类永远的朋友。

相关知识：

孔雀身长全长达2米以上，其中尾屏约1.5米，为鸡形目体型最大者。头顶翠绿，羽冠蓝绿而呈尖形；尾上覆羽特别长，形成尾屏，鲜艳美丽；真正的尾羽很短，呈黑褐色。雌鸟无尾屏，羽色暗褐而多杂斑。栖息于森林的开阔地带。杂食性。一雄配数雌。蓝孔雀分布于印度和斯里兰卡；绿孔雀分布于东南亚，中国仅见于云南西部和南部，野生数量稀少，为中国国家一级保护动物。

草原上的精灵
——百灵鸟

英 文 名： Lark

分布区域： 主要分布于内蒙古、河北和青海。

保护级别： 列入《国家保护的有益的或者有重要经济、科学研究价值的陆生野生动物名录》；国家二级保护动物。

在广袤无垠的大草原上，有一种小小的鸟儿，它边飞边叫，叫声此起彼伏，不明真相的人，以为是音乐家在演奏美妙的乐章，其实那是百灵鸟在歌唱。

因为它叫声清脆婉转，人们常常用“百灵鸟”比喻唱歌好听的人。“百灵鸟”已经不仅仅是一种鸟儿，也是声音甜美的代名词，它又被称为草原上的精灵。

百灵鸟又名云雀，叫声悠扬动听，羽毛颜色丰富多彩，有红色、蓝色等，头上有漂亮的羽冠，嘴巴长得像一个小小的圆锥。

在我国，有关鸟的传说很多，人们经常把鸟儿进行人格化或神化，以此完成人们在现实生活中无法达到的境界，这就是鸟文化。

古代蒙古族把百灵鸟描绘成一只大如母牛的五彩神鸟，希望它能给世代游牧民带来好运与希望。

传说一代天骄成吉思汗在即将登基时，有一只五彩百灵从天上降临人间，停留在一块巨石上，高声鸣叫着：“成吉思，成吉思……”，鸣叫到第三天时，巨石突然迸裂，玉玺从巨石中显露出来。人们认为是百灵鸟带来了上天的旨意，深信百灵鸟是天上的使者，是它揭开了成吉思汗是真命天子的面纱。人们把成吉思汗登基与百灵鸟联系在一起，为了纪念它，在当地专门修建了一座百灵鸟庙。

北方蒙古族入主中原，王公贵族们把他们的宠物——百灵鸟也带进了中原，百灵鸟优美动听的叫声，立即得到人们的喜爱。为了更好地让百灵鸟在它生长的地方繁衍生息，1983年，内蒙古自治区把百灵鸟定为区鸟，并加以保护。

人们把唱歌好的人，比喻成百灵鸟，我没听过百灵鸟的叫声，只能猜测它的叫声如何动人心弦，对于它天生拥有的一副好嗓子，我是多么羡慕。像我这种五音不全的人，多么希望自己拥有百灵鸟一样的歌喉，如果那样，在每年的六一儿童节，无论是独唱还是合唱，我都有机会衣着光鲜地站在舞台上为大家表演，而不是默默地坐在台下，充当一个鼓掌的角色。老师也曾刻意培养过我，可无论怎么努力，一张嘴，调子依然能跑到十万八千里之外去，试唱几次之后，老师不再对我抱什么希望，我唯有继续做着最忠实的观众。

第一次见到百灵鸟，是在我小学同学家里。那天，我去她家发现葡萄架下挂着一个小小的鸟笼，笼子上罩着一层黑布，同学告诉我，那里面是一只小百灵鸟。

百灵鸟？就是那种会唱歌的鸟！我迫不及待地要掀开布帘，想看这只传说中的鸟儿如何唱歌。可同学的爸爸及时挡住了我那只伸向布帘的手，他告诉我，让一只鸟儿唱歌，哪有那么容易，我瞪大眼睛惊讶地问，难道鸟儿唱歌还要先学乐谱？

这一问，倒把同学连同她爸爸问乐了。他说，百灵鸟的歌声是因气体冲出气管时震动发出的声音，因为它出生时，就带有四到九对控制发声的鸣肌，比普通的鸟儿多出二到五对，而且每侧的鸣肌都可以单独收缩，所以，它发出的声音婉转而有旋律，这是自然现象，也就是说，这是它们天生具有的本能。另外，百灵鸟还有高超的模仿本领，它可以学下蛋母鸡的咯咯声、小狗的汪汪声、鸭子的嘎嘎声，甚至还会学小孩子的哭声，它还能把各种动物的叫声，连在一起，不停地鸣叫，仿佛演奏大自然的乐章。

“哈哈哈”我大笑起来，一只鸟既会狗叫，又会猫叫，想想就很可笑。笑完了，我的问题

也来了。我问叔叔："既然百灵鸟天生具有模仿的天性，为什么还说让百灵鸟唱歌不是一件容易的事呢？"

"正因为它有天生的模仿能力，才不能让它胡乱模仿。如果一只漂亮的鸟儿，张嘴不是狗叫就是猫叫，符合鸟儿的称谓吗？更何况它还有鸟中的歌唱家的美誉"，同学的爸爸见我一脸迷惑，解释道。

原来不是每只百灵鸟都会唱歌，或者说不是每只百灵鸟唱歌都好听，真正能像歌唱家一样歌唱的百灵鸟，是要经过培训的，首先要选身体强健的雄鸟，在选鸟的时候，还要看它的嘴，以中间凸起，尖端微微向下弯曲，色细白的为最好。另外，要想真正驯好一只会唱歌的百灵鸟，要从雏鸟时候开始饲养，因为百灵鸟天生胆小，如果是成鸟，它对人类有很强的戒备心，虽然能唱歌，但歌声低沉单调，并且见到人也不愿意开口。小百灵鸟容易驯服，选孵化后第七天的雏鸟最好，因为这时候的小鸟还没睁开眼，容易喂养。七天之后的小鸟，已经开眼，见人害怕，所以喂养起来很困难。这就是养鸟人所说的"七活八不活"的原因。

选好了鸟，如果想让它唱歌，还有一个很关键的因素，那就是请一个好老师，行话叫成鸟代口，也就是给小百灵找一个固定的叫声好听或者已经训练成熟的成鸟，让小百灵鸟天天听它叫，在小鸟听成鸟叫的时候，还把小百灵鸟的笼子用布罩起来，挂在成鸟附近，让小鸟静听，这样耳濡目染很快就学会了。当然，如果让它会唱很多支歌的话，还有更复杂的训练。

听到这里，我已完全失去兴趣，这不是我的本意，一只小小的鸟儿，本来应该在蓝天下自由自在地飞翔歌唱，却因为它叫声优美，被人类捕来关在笼中失去自由，失去自己应有的天性，这样的鸟儿，即使唱出来歌再好听又有什么意义？

相比较而言，我更喜欢百灵鸟一边鸣叫着一边冲上云霄，即使它的叫声不那么纯粹，即使它不会根据人类的要求唱出合乎韵律的歌曲，可那才是大自然真正的音符。

百灵鸟因为身姿优美，还有"百鸟无一"的美誉。它们喜欢在地面上行走，无论是三十多摄氏度的烈日下，还是温风习习的春秋季节，百灵鸟都喜欢在沙地与草稞之间穿梭。只有到了寒冷的冬季，地面被大雪覆盖时，为了找到食物，才会进行短暂的群体迁徙。大部分时间，它们还是喜欢生活在荒凉的大草原上，有时为了保持体温而在沙地上蹭来蹭去，这样既能够防暑降温，又可以梳洗毛发，以保证体表的干净。

百灵鸟对食物的要求并不高，春天幼嫩的小草芽和昆虫是它们的主食；夏天和秋天，它们主要捕捉一些昆虫；到了冬天，只能用草籽和谷类填饱肚子，有时意外捕到昆虫或虫卵，对于它们来说，无异于开荤了。

百灵鸟不会像其他鸟类一样，破坏农作物，在夏季刚刚来临时，它们为了抚育幼鸟，会捕捉大量的虫子来喂养小鸟，无形当中，百灵鸟成为给庄稼除害的能手、功臣。

相关知识：

百灵鸟是草原的代表性鸟类，属于小型鸣禽，往往边飞边鸣，由于飞得很高，人们往往只闻其声，不见其踪。生活在干旱山地、荒漠、草地或岩石上，非繁殖期多结群生活，常作短距离低飞或奔跑，取食昆虫和草籽。全长约18厘米。上体黄褐色，具棕黄色羽缘，头顶周围栗色，中央浅棕色，下体白色，胸部具有不连接的宽阔横带，两肋稍杂以栗纹，颊部皮黄色，两条长而显著的白色眉纹在枕部相接。初级飞羽黑褐色，具白色翅斑，最外侧一对尾羽白色，其余尾羽深褐色，后爪长而稍弯曲。雌鸟似雄鸟，但颜色暗淡。每年的5~7月为繁殖期，巢由杂草筑成，置于地面浅坑中或草丛内，每窝产卵2~4枚，卵白色或近白色，具褐色条纹。

仙人的骐骥
——丹顶鹤

英 文 名： Manchurian Crane

分布区域： 分布于中国、蒙古、俄罗斯、朝鲜、韩国、日本等。

保护级别： 列入《世界自然保护联盟濒危物种红色名录》濒危级；《华盛顿公约》一级保护动物；国家一级保护动物。

“有一个女孩，她从小爱养丹顶鹤，在她大学毕业以后，她仍回到她养鹤的地方，可是有一天，她为了救那只受伤的丹顶鹤，滑进了沼泽地，就再也没有上来……走过那条小河，你可曾听说，有一位女孩，她曾经来过，走过那片苇坡，你可曾听说，有一位女孩，她留下一首……”。

这是很多年前听到的一首歌，歌曲的旋律细腻凄美，催人泪下，更令我感动的是，这是一个真实的故事。

故事的主人公叫徐秀娟，她出身于驯鹤世家。十七岁开始在扎龙国家自然保护区跟随父母驯养丹顶鹤，曾多次为国家领导人作驯鹤表演。

1986年徐秀娟大学进修结束后来到盐城自然保护区工作，创建了江苏省第一个鹤类饲养场。在这里，徐秀娟细心照顾着每一只丹顶鹤，整天为它们避暑、降温、驱蚊，还成功进行了越冬丹顶鹤孵化、饲养、驯养的试验。

1987年9月15日中午，有两只丹顶鹤在笼子里鸣叫不已，徐秀娟以为它们想出来玩耍，就把它们抱出来放进水塘里。不想这两只鹤玩兴大发，先后挣脱绳子飞走了。一直到晚上，只找回了一只，另一只毫无踪影。

天很晚了，大家都下班回家了。只有徐秀娟放心不下，一个人又摸黑钻进密密的芦苇丛中，不断呼唤着，可那只飞走的丹顶鹤杳无踪影。第二天一大早没顾上吃饭的她又开始寻找……

后来，村民们在河中发现了她，在她身旁有两只丹顶鹤久久徘徊，用长长的尖喙整理着她湿淋淋的衣服，只是她再也没有醒来，一个23岁女孩的青春就此戛然而止。

在盐城国家自然保护区管理处楼前，有一尊徐秀娟的雕像，她身旁是几只洁白如玉、头顶一团猩红的丹顶鹤，姑娘用双手亲昵地抚摸着它们，眼神是那样的恋恋不舍……

人们用这种最普通的方式，对徐秀娟23岁的青春年华进行褒奖，对这短短一年零四个月的工作给予肯定，对她呕心沥血为之献身的事业表示崇敬。

那年清明节，一群丹顶鹤在她墓前久久盘旋，附近居民无不为之落泪。徐秀娟走了，死于对丹顶鹤之爱……她对丹顶鹤的爱，深深地感染着我，使我对丹顶鹤产生了深厚的兴趣。

丹顶鹤是鹤类中的一种，古代神话传说中神仙的乘骑多是鹤，于是它又有“仙人骐骥”的称号，因此它又被称为“仙鹤”。

在民间关于仙鹤的故事有很多，其寓意也不胜枚举。明朝和清朝把丹顶鹤赋予忠贞清正、品德高尚的内涵。一品文官的补服，绣有丹顶鹤的图案，它是仅次于龙凤的重要标识，因此人们又称它为一品鸟；同时，它又是高官的象征，在绘画作品中，经常看见仙鹤立在潮头、岩石上的吉祥纹图，人们取“潮”与“朝”的谐音，象征像宰相一样“一品当朝”；还有仙鹤在云中飞翔的作品，寓意“一品高升”。似这样的绘画作品，在明清时期极为盛传，即使时至今日，也经常见到。

南朝殷芸的《小说》，记载了“腰缠十万贯，骑鹤上扬州”的故事：讲的是四个进京赶考的年轻人救了一位老者，后来发现是位神仙，神仙见他们均是心地善良之人，于是许他们可以满足每人一个愿望。第一个书生估计家里很穷，他说：“愿为富翁，腰缠万贯”；第二个书生想来并不缺钱，只想圆他的仕途之梦，于是说：“愿当扬州刺史，众人仰慕”；第三个书生比较浪漫，他很认真地想了想说：“愿当神仙”；第四个书生最有个性，想了半天，说了一句：“腰缠十万贯，骑鹤下扬州”。当时的扬州除了别具一格的江左风情之外，悠久的历史，璀璨的文化，成为人们的理想之地，短短十个字，囊括了当时所有人的梦幻之想，我不知道是应该表彰他的文采还是鞭挞他的贪欲，我更不知道这位神仙老者会如何答复他。

仙鹤在《诗经》中有“鹤鸣九皋，声闻于天”的记载，在韦庄的词中便有“争看鹤冲天”之句。后来人们用“一鹤冲天”，表达对胸怀大志之人的赞美。

宋代著名诗人、隐士林逋，在杭州隐居时，植梅养鹤，一生不仕不娶，自谓“以梅为妻，以鹤为子”，人称“梅妻鹤子”。因而鹤又象征君子清高之风。

丹顶鹤属于大型涉禽，成鸟跟成年人一般高。颈、脚很长，通体羽毛多为白色，头顶鲜红色，喉和颈黑色。

春天是丹顶鹤繁殖的季节。三月底四月初的时候，它们在繁殖地通过彼此在巢域内不断鸣叫，宣布领域主权，随后开始营巢。仙鹤跟其他鸟类不一样，它们是先筑巢再觅偶，这一点竟然与人类的先立业再成家的理念，有共通之处。

丹顶鹤求偶时除了雌雄相对鸣叫，还会跳跃、舞蹈。它们鸣叫着，昂头、仰脖，嘴尖直朝天空，羽毛蓬起随着叫声抖动，像一对对丽人随着音乐翩翩起舞。

求偶时，丹顶鹤的叫声婉转洪亮，因此，南北朝时，有很多诗人们常以“别鹤”来比喻夫妇之间恩爱离别的哀愁。晋代崔豹《古今注》卷中《别鹤操》有记：汉代有个高陵牧子，娶妻五年无子，父兄劝其再娶。他妻子听说后悲伤不已，彻夜哭泣，牧子不忍，于是操琴而歌曰：“痛恩爱之永离，叹别鹤之舒情”，以表心迹。因其曲辞为《别鹤操》，后来人们以“别鹤”“别鹤操”表示对爱情的忠贞不渝。

丹顶鹤的巢穴多在隐蔽的芦苇沼泽地或水草地上，且大多在有一定水深的芦苇丛中或高大的水草丛中，丹顶鹤将巢穴选择在这样的地方，是为了更利于保护自己。它们的巢穴比较简陋，主要由芦苇、乌拉草、三棱草和芦花构成。

繁殖期的丹顶鹤每窝产卵两枚，偶尔也有产一枚的，卵为椭圆形，苍灰色或灰白色。在孵化期里，由雌雄亲鸟轮流孵化，大约三十多天就能孵化出雏鸟。刚出壳的小丹顶鹤就能蹒跚行走，四到五天后就可以随亲鸟在浅水中游泳了。满两岁的丹顶鹤就已经成年了，它们的寿命可达五六十年。

在动物界中，六十年的寿命已经是长寿，所以人们又以“鹤老”来比喻长寿的人。并常有“松鹤延年”“鹿鹤同春”的画作，以此表达人们对未来生活的美好向往。

入秋后，丹顶鹤要从东北繁殖地飞到南方去过冬天。迁徙的过程中，它们成群结队地排成“人”字形，此时，由数个或数十个家族群结成较大的群体，有时集群多达四五十只，甚至一百多只。活动时，仍在一定区域内分散成小群或家族群活动。夜间则栖息于四周环水的浅滩上或苇塘边，主要以鱼、虾、水生昆虫、软体动物、蝌蚪、沙蚕、蛤蜊、钉螺以及水生植物的茎、叶、块根、球茎和果实为食。

只有在日本北海道的丹顶鹤不迁徙，这可能与当地人有组织地对它们投喂食物有关。在中国，丹顶鹤的数量正在急剧减少，如果我们身边有更多像徐秀娟这样的人出现，丹顶鹤数量的增加，丹顶鹤的不迁徙，将不再是遥不可及的事情。

相关知识：

丹顶鹤是鹤类中的一种，大型涉禽，体长120~160厘米。颈、脚较长，通体大多白色，头顶鲜红色，喉和颈黑色，耳至头枕白色，脚黑色，飞翔时仅次级和三级飞羽为黑色特征极明显，极易识别。幼鸟头、颈棕褐色，体羽白色而缀栗色。

鹛类之王
——画眉

英 文 名: Chinese Hwamei

分布区域: 分布于老挝、越南北部和中国的东南沿海地区，在我国华中、华南、海南及台湾地区的为留鸟。

保护级别: 列入《世界自然保护联盟濒危物种红色名录》无危级。

说到画眉鸟，还要提到一个很久很久以前的故事。这个故事与中国四大美女之一的西施有关。

春秋时期，战败的越王勾践利用西施，对吴王夫差施美人计，后来吴国被灭。此时做为第一功臣的西施，为了避免被越王勾践杀害，化名隐居在德清县的蠡山下一座石桥附近。隐居之后的西施，经常到附近的一座石桥上以水当镜，临水画眉。

这里有一群黄褐色的小鸟，经常飞过石桥，它们看到画过眉毛的西施，越发美丽动人，于是也互相用尖尖的嘴巴，为对方画起来。没过多久，它们居然也有模有样地“画”出眉毛来。

西施见这群小鸟眼边各画出一条白色的眉毛，匀称地由前向后延伸，像极了她的蛾眉，顿时心生爱怜。于是她抚摸着身边的小鸟，问道“你们是什么鸟？为什么也这么爱美？”小鸟侧着脑袋用圆溜溜的小眼睛看着她，就是不作声。西施想了半天，自言自语地说：“既然你们不告诉我，我就叫你们画眉鸟吧。”话音刚落，这群小鸟就在她身边“呖呖”地欢唱着。

于是，“画眉”鸟这个美称世代相传，一直沿袭至今。

画眉鸟分布在老挝、越南北部和中国的东南沿海地区，在华中、华南、海南及台湾地区的为留鸟。在长江以北，是见不到野生画眉鸟踪迹的。

大自然中的画眉鸟，喜欢在灌木林丛中穿飞、觅食。春暖花开的季节，首先发情的雄画眉鸟，为了吸引雌画眉鸟的青睐，持续鸣叫，其叫声高亢激昂，婉转多变。快叫时，激越奔放；慢叫时，如行云流水；特别是它长时间连续鸣叫，听上去更是荡气回肠，因此称它为“林中歌手”或“鸟类歌唱家”。

雄画眉鸟的叫声，除了向雌鸟表示爱慕之情，还有警示作用，向同类或敌人发出警告，告诫入侵者此地不容侵犯。画眉鸟的爱情如人类的一样，有时也会发生三角恋，每当此时，一场中世纪式的决斗在所难免。它们打起架来抓、爬、滚、啄、插，五艺俱全，毫无惧色，最终得胜的英雄，自然会抱得美人归了。

画眉属于善于打斗的鸟儿，因此它又被誉为“英雄鸟”。

它们的爱情来得如此不易，它们对待爱情的态度却不专一。它们的子女一旦具备独立生活的能力，就预示着这对夫妻爱情的结束，要另觅新欢了。

抱得美人归的英雄们，在享受过甜蜜的爱情之后，要寻找合适的地方筑巢。它们的巢穴建在山丘茂密的草丛、灌木丛中的距离地面一米左右的灌木枝上，巢内多以干草叶、枯草根和植物茎等编织而成，呈杯状或椭圆形的碟状，外壁较松散而粗糙，内壁纯以细草茎编成，比较细密。

画眉鸟每窝产卵三到五枚，卵呈椭圆形，浅蓝或天蓝色，具有褐色斑点。产完卵的画眉鸟，经过半个多月的孵化，小画眉鸟破壳而出。在孵化期间，雌鸟担任孵化工作，雄鸟则负责在巢穴周围警戒。在孵化时，雌鸟责任心非常强，若非万不得已，雌鸟决不会离开自己的巢穴，直到对方快要接近巢时，它才沿着灌木丛底部静悄悄地逃走。敌情一旦消失，它会在最短时间内回到巢中。

所有刚出生的小动物都是可爱的，小画眉鸟也不例外。它们刚出生时还睁不开眼睛，长着稀疏的绒毛，全靠父母喂养。直到它们长到三周左右，才会在父母的带领下在灌木丛中穿来穿去，及至六七周时，才能够自由觅食、飞翔。

此时小画眉鸟从外表看上去跟成年鸟没什么两样，但从内部发育来说，它们还没有完全成熟，必须要经过中秋前后两个月左右的换羽才能完全独立。到第二年春天，它们才有求偶、交配、繁殖的能力，这时的小鸟，才完全成长为一只成熟的鸟了。

画眉鸟的别名非常多，有的地方叫它客画眉、金画眉、百舌鸟，还有的地方叫它英雄鸟、林中歌手、鸟类歌唱家等。不过，最为贴切的名字，还是它的正名——“画眉”。

除去西施画眉，还有一个著名的故事——“张敞画眉”。鸟儿是为彼此画眉，张敞是为生活中妻子画眉。张敞时任长安城的京兆尹，相当于现在首都的最高行政长官。他的妻子小时候被人推倒把额头跌伤，缺了一小块眉毛。张敞不但没有嫌弃妻子，反而在妻子每天化妆时，都仔细为她画眉，为此常常被人嘲笑。这件事被他的政敌利用，在朝堂上诬告他风流、轻浮。当汉宣帝向张敞查问时，张敞诡秘一笑，说：“闺房之内，比画眉更轻浮、更隐秘的事多了，难道都要治风流轻浮之罪吗？”

后人以此形容夫妻相爱，唐代朱庆馀《近试上张水部》中曰："妆罢低声问夫婿，画眉深浅入时无"，如此发问，夫妻之间的恩爱跃然纸上。而由此我也想，如果自然界的画眉鸟能拥有如张敞夫妇般忠贞不渝的爱情，它们将是最完美无缺的鸟儿。

从小我就喜欢各种各样的鸟儿。在阳光温暖的日子，我将自己隐没在潍河边的芦苇丛中，倾听鸟儿各种各样的叫声，看它们嬉戏。甚至有一次把蝙蝠拿来当鸟养，被母亲好一顿训斥。训斥我的原因，当然不是因为蝙蝠不是鸟类，母亲说我祸害生灵，她说万物皆有灵性，我们不能因为一个人的喜好剥夺它们生存的权利。幼时的我，对这话并不以为意，当我读到欧阳修的《画眉鸟》时，似乎略懂了。

画眉鸟

宋·欧阳修

百啭千声随意移，山花红紫树高低。
始知锁向金笼听，不及林间自在啼。

相关知识：

画眉鸟全长约23厘米。全身大部分棕褐色，头顶至上背具黑褐色的纵纹，眼圈白色并向后延伸成狭窄的眉纹。杂食性，主要取食昆虫，特别在繁殖季节嗜食昆虫；兼食草籽、野果。

战神之鸟

——鹰

英 文 名： Hawk；Eagle

分布区域： 广泛分布于世界的各大洲。中国境内的鹰主要分布区为西藏、新疆、内蒙古、青海以及陕西南部等地。

保护级别： 国家二级以上保护动物。

在华夏民族文化里，鹰是神的化身；在宗教意识中，鹰被蒙上了神秘的色彩，尊奉为神鸟；在古代军事上，鹰则象征战神。《列子·黄帝篇》中记载："黄帝与炎帝战于阪泉之野，帅熊、罴、狼、豹、貙、虎为前驱，雕、鹖、鹰、鸢为旗帜"，黄帝战胜蚩尤，作《棡鼓曲》以示庆祝，其中在"雕鹗争"中，是中国最早把鹰作为英雄胜利的象征。

在《诗经》中描述军队出征："牧野洋洋，檀车煌煌……维师尚父，时维鹰扬。"用鹰来象征军容的威猛和战争的胜利。

小时候对于鹰的认识，仅限于老鹰捉小鸡的游戏，那时并不知道鹰为何物，只是从内心里对鹰怀着深深的恐惧，认为那是一个抢夺别人孩子的凶神恶煞，不仅仅是我，小伙伴们对于鹰也是敬而远之的。

可所有的记载中，对鹰从来没有负面描述，由此，我不得不对鹰重新认识了。传说中的鹰，除了特殊情况（如被猎杀或与另一只鹰搏斗而死），鹰都知道自己的寿命，它们在临死时，会朝着太阳飞去，直到在高空气压的作用下，身上的血液都集中到一起，最后被太阳烧灼燃烧而死，在宗教中，称这种行为为光化。至于鹰是否真的以这种形式结束生命，我没有见过。有人猜测是人类将它的死亡赋予了特殊意义，以此达到将它神化的境界。

曾经，我读到一首题为《鹰之歌》的诗歌，开头这样写道：

我是征人的梦，
我是勇士的魂，
我是长空的主人，
我是宇宙湛蓝的灵魂。

我喜欢这种气势磅礴、直抒胸臆的现代诗歌，因为喜欢这首诗，连带喜欢上了鹰。通过了解，我知道，鹰像老虎一样，是孤独而高傲的。老虎是百兽之王，而鹰则是百禽之首。在同一座森林中，不会出现两头老虎或两只鹰的情况。它们视自己的领土神圣不可侵犯，看得比生命还重要，关键时刻，它们不惜以生命为代价，维护领地内的绝对权力。

鹰与鹰之间，彼此保持足够的距离，以保证猎取食物的空间，唯有在食物不足的情况下，才会考虑是否延伸领土。

炯炯发亮的眼睛，桀骜不驯的性格，以及气壮声厉的叫声和寸土必争的领土意识，使得鹰在古代军事上享有战神的称号。民间也越发将它神化，对于鹰的传说也就越来越多了，最广为人知的要从鹰的寿命说起了。

传说中鹰可以活到七十岁，只是在四十岁时候，要经历一次重生，因为这时，鹰的喙、爪子、羽毛都已经老化，要想重生，必须飞到悬崖上，用岩石把喙敲掉，把指甲、羽毛全部拔掉，等待长出新的喙、羽毛和爪子。等新的喙、羽毛和爪子重新生长到能够捕猎，它们需要五个月，一旦熬过漫长的五个月，鹰又可以再活三十年。

这是一个励志的故事，用文学的方式将情感寄托在动物身上。鹰有没有重生的可能？答案是否！也就是说绝不可能。

首先我们知道，它的爪子表面覆盖着一层指甲一样的角质，下面则是类似于我们指甲下面柔软敏感的肉。想象一下，如果钉子一类的东西，穿透我们的指甲会怎样？更何况是敲掉！这样血肉横飞的重生，即使鹰再怎么强悍，也很难做到。即使做到了，接下来呢？喙敲掉，爪子拔掉，羽毛拔掉，鹰又何以捕食？

众所周知，鹰是一种孤独的飞禽，不存在同伴之间的相互照应，所以一只五个月没有捕食能力的鹰，如何生存？所以说鹰的重生，只是个传说。鹰的真实寿命，野生的鹰一般可以生存二十年左右，豢养的则可以达到四十年。

春天是鹰的繁殖期，雌鹰在巢穴中产二到三枚蛋，需要孵化三十天左右，因为其中会有未受精的蛋，所以通常只能孵化一到两只小鹰，很少见到一个巢穴中有三只小鹰的情况，一旦雏鹰具备自己觅食的能力，父母就将它们赶得远远的，永远不许回来。

鹰是肉食性动物，会捕捉老鼠、蛇、野兔或小鸟。大型的鹰甚至能捕获山羊、绵羊和小鹿。它们的视觉非常发达，即使在千米以上的高空，也能将地面上的动物观察得一清二楚。飞行时，两翅水平伸直，或平行扇动，迅速灵活，只是除了迁徙时，它们很少在高空飞行。

鹰自古以来有“天鸟”之誉，把它视为天王的使者。鹰的目力极好，但与雕相比嗅觉较差，因此鹰只依靠视觉捕猎，当它抓住猎物时，习惯性地做低空飞行。

除去迁徙的时候，鹰大多隐藏在森林中的树枝间窥视猎物，有时也在开阔的空地上空飞行，借以观察地面情况，一旦发现鼠类、野兔或野鸡一类的动物，它迅速俯冲下来，展开追击。鹰具有天生的计算能力，并且计算的速度非常快，它在高空中，就能计算出动物逃跑时的速度，以此调整飞行的速度。

鹰猎取的猎物，有时是它体重的翻倍，但它出手猛、准、狠、快的特点，使其具有较大的杀伤力，凡是它能控制的猎物，都要猛扑上去，用一只利爪刺穿胸膛，再用另一只利爪剖开腹部，先吃掉鲜嫩的心、肝、肺等内脏部分，再将鲜血淋漓的尸体带回栖息的树或巢中撕裂后啄食。

这个画面是非常血腥的，但在弱肉强食的动物世界里，唯有自己足够强大，才是唯一的生存之道。

相关知识：

鹰，泛指小型至中型的白昼活动的隼形类鸟，包括苍鹰和雀鹰。广义上，鹰一词也常用来称呼鹰科的其他种鸟类。鹰是肉食性动物，会捕捉老鼠、蛇、野兔或小鸟。大型的鹰科鸟类，如雕，可以捕捉山羊、绵羊和小鹿。它体态雄伟，性情凶猛，动物学上称其为猛禽类。在我国最常见的鹰有苍鹰、雀鹰、松雀鹰三种。

我国的《野生动物保护法》中明确规定：所有的猛禽都属于国家二级以上保护动物，严禁捕捉、贩卖、购买、饲养及伤害。

屠夫鸟

——伯劳

英 文 名： Shrike

分布区域： 主要分布在美国圣克利门蒂岛、坦桑尼亚乌卢古鲁山的乌卢古鲁丛伯劳以及中国。

保护级别： 列入《世界自然保护联盟濒危物种红色名录》濒危级。

《诗经·豳风·七月》“七月鸣鵙，八月载绩”，毛传：“鵙，伯劳也。”说的是七月伯劳鸟开始叫了，天气将要渐渐转凉，到了八月，就要开始纺线绩麻了。

在古诗词中，伯劳飞燕比喻夫妻或亲人别离，“东飞伯劳西飞燕，黄姑织女时相见。”这是南北朝萧衍《东飞伯劳歌》中的两句，诗人借助伯劳鸟、燕子、牵牛、织女星说明时空的变换，作者写这首诗的时候，估计从来没想到在此后的若干年里，伯劳与燕子成为别离的代指。

王实甫的《西厢记》中就有这样的句子：“他曲未通，我意已通，分明伯劳飞燕各西东。”伯劳东去，燕子西飞，瞬息的交集无法改变飞行的姿态，可一旦相遇，便相互完成了身份的指认。在诗歌的天空下，东飞的伯劳和西飞的燕子，合在一起构成了感伤的分离，成了不再聚首的象征。

我最初读到有关伯劳的诗句时，并没有把它当成一只鸟，总觉得那应该是一个人的名字，或者是一种象征。事实是，它不仅是一只鸟，还是一种非常强悍的食肉鸟。它还有一个别称：屠夫鸟。由这个名字中，可想而知这种鸟的性格了。我常常想，被叫做屠夫鸟的伯劳，是不是如鹰一般强大而凶猛，直到有一次在电视里看到对它的解说，才对伯劳鸟有了真正的认识。

在鸟族中，伯劳属于大家族，有红尾伯劳、虎纹伯劳、棕背伯劳、灰伯劳，等等。灰伯劳是北方最常见的，它们体型大小与棕背伯劳近似，通体以灰褐色为主，翅及尾黑色，尾的外侧羽毛鲜白色，很容易识别。但它不在我国繁殖，只在春、秋季节沿我国北方各省迁徙，只有极少数个体在我国越冬。

伯劳鸟胆大，性格粗野，顽强凶猛。它有着像鹰嘴一样带钩的喙，捕食时，更能彰显出它的优势，像鼠类、蜥蜴以及小型鸟类等都是它的猎捕对象。强大的战斗力，并不是它的全部优势，它的另一个优势——高智商。附近没有猎物时，它会仿红嘴相思鸟、竹鸡、麻雀、黄鹂等鸟类的叫声，将它们吸引过来，然后进行伏击。

伯劳鸟将猎获的食物挂在带刺的树上，在树刺的帮助下杀死它们，再撕碎吃掉，其场面之惨烈，如果不是亲眼看见，任谁也不敢相信，这么一个娇小甚至带些秀气的鸟儿，却会做出如此血腥的事情。

了解伯劳鸟的习性后，虽说没有因此心生厌恶，但它在诗词中留给我的那些美好，已经大打折扣。

伯劳鸟生活环境是开阔的草原、牧场。在内蒙古西北及东北北部地区，还常遇到一种在当地筑巢繁殖的灰色大型的伯劳，体色虽与灰伯劳相似，体型却更大一些，并且具有显著的长尾羽，这种伯劳叫做楔尾伯劳或长尾灰伯劳。小巧秀气的伯劳鸟尚且有非常强大的杀伤力，这种大伯劳的杀伤力会不会更大呢？我想这个问题毋庸置疑，曾经有人看到伯劳鸟与一条蛇的搏斗。

伯劳鸟捕蛇时，是毫不犹豫的一招制敌。它在空中计算好距离，调整好速度，俯冲时直击蛇的七寸，一旦咬住绝不松口，带着它飞到居住的树林中，把它挂在树上，一点点撕裂着吃掉。

虽然我特喜欢鸟儿，但在我认识伯劳鸟之后，还是常常在心里庆幸，庆幸这种鸟在潍河两岸并不多见，至少我没见过。

一如文中开篇我提到的，总感觉伯劳不是一只鸟的名字，其实追根溯源，它名字确实来源于一个人名：

传说周宣王的贤臣尹吉甫，听信继室谗言，将前妻留下的爱子伯奇杀害。伯奇的弟弟伯封在兄长遇难之后，非常悲伤，就作了一首悼诗，尹吉甫听了以后也非常后悔，为自己痛失爱子，也为自己不明不辨痛哭不已。

有一天尹吉甫打猎时，看见一只从未见过的鸟，停在一棵大树上对它鸣叫不已，声音非常凄惨，尹吉甫内心一动，觉得这只鸟儿眉目之间跟他儿子伯奇相似，于是就说：“伯奇劳乎，如果你是我儿子伯奇就飞来停在我的马车上”。话刚说完，这只鸟就飞过来停在马车上。尹吉甫惊喜万分，就像失去的儿子又回到身边一样。他载着这只鸟回家，到家以后鸟儿飞到院中，对着伯奇曾经居住的房屋不断哀叫，这时继室在屋里万分不满，说这只鸟的叫声如此凄惨，恐怕不是一个吉兆。

尹吉甫因为听信继室的谗言，失去了自己的儿子，此时他怎能再次相信她的话？尹吉甫拿起弓箭假装射鸟，却趁她不注意，将她射杀了。此时，这只鸟才停止了哀叫。尹吉甫也更加相信这只鸟就是伯奇的化身，后来这只鸟就以“伯奇劳乎”而得名。

伯劳鸟的繁殖期在五月到七月，每窝产卵四到七枚，以四枚者较普遍。它们的孵化期比较短，一般在两周内均可孵化。出生后由雌、雄鸟共同喂食，十二天后幼鸟就可以离巢自立了，有时它们也会回来向父母索要食物，啃老现象看来在动物世界里也是存在的。

相关知识：

伯劳，体型中等，掠食性，能用喙啄死大型昆虫、蜥蜴、鼠和小鸟。会将捕获的饵物穿挂在荆刺上，正如人类将肉挂在肉钩上，故又名屠夫鸟。真伯劳独居，鸣声刺耳，灰或灰褐色，常有黑色或白色斑纹。大灰伯劳分布最广。

光明与希望的象征
——太阳鸟

英 文 名： Sunbird

分布区域： 分布于亚洲南部、菲律宾群岛和印度尼西亚。

保护级别： 列入《世界自然保护联盟濒危物种红色名录》无危级；中国《国家保护的有益的或者有重要经济、科学研究价值的陆生野生动物名录》。

《山海经》里记载着这样一个故事：天帝和天后生了十个儿子——十只会发光的鸟，他们跟着天后妈妈住在东海汤谷的一棵神树上。天帝交给这十个儿子一个任务，每天轮流上天，把身上的光芒洒向大地，照耀万物生长，这就是最初的太阳。

开始的时候，十兄弟按部就班地轮流值班，十天一个轮回，日复一日。后来，兄弟几个调皮起来，想看看十只鸟同时在天上，人间是一种什么景象。一大早，他们就瞒着天后悄悄起床，一起飞到天上去了。

天上突然出现了十个太阳，这种景象人们从来没见过，都好奇地对着太阳指指点点。太阳兄弟不高兴了，他们加大照耀的力度，耀眼的光芒像把一把把银针洒向大地，刺得人们睁不开眼睛。随着太阳越升越高，地面上越来越热，人们热得除了喘气，什么也没法做了。太阳兄弟们幸灾乐祸地把更强烈的阳光洒下来，地上瞬间像着了火一样，树木枯萎、河流干涸，眼看世界就要灭亡了。

人们从最初的好奇，变成对太阳的仇恨，他们咒骂着，希望太阳立刻消失，让大地重回清凉。可人们越是这样，太阳兄弟们的好胜心越强，他们在天空中，嬉笑着，享受着为所欲为带来的快感。

此时，有一个叫后羿的青年人，他力大无穷，箭法高明。人们纷纷求他把天上的太阳射下来。他看到干涸的大地，枯萎的花草，后羿答应了人们的请求。

后羿拉弓射箭，太阳挨个被他射下九个，仅剩的一个太阳吓得东躲西藏。这时后羿也累了，他的弓拉得不像前边那样有力了，他把最后一支箭射出去，箭射偏了，只射到了太阳的翅膀上。

受伤的太阳，跌落到人间，藏在一棵马齿苋底下，他再也无力发光、发热了。大地顿时陷入了黑暗之中。干渴与炎热让人们焦躁，此时寒冷和黑暗又使人们绝望，大地沉浸在漫无天地的黑暗中，此时，人们又想起太阳的种种好处，多么希望他们能重新回来。

身为百鸟之王的凤凰，听到这个消息，感到责任重大，它决定去为人类寻找光明与温暖。经过七七四十九天的寻找，终于在一棵马齿苋下发现了奄奄一息的太阳。它扯下身上五彩羽毛盖在太阳身上，又飞遍千山万水，为太阳寻找疗伤的草药。

在凤凰的精心照料下，太阳的伤慢慢恢复了，可他还是无力飞到天空中去。此时的大地，在长时间的黑暗之中，已经几近灭绝。太阳看到这种情景，又后悔又着急，他想出一个办法，让凤凰每天背着他飞到天上去，这样他就能把自己的光和热照到人间了。

凤凰每天背着太阳从东边飞起，到西边落下。这样过了三个多月，太阳的伤势终于完全愈合了，他觉得自己可以独立飞翔了，他想在凤凰还没起床时，给它一个惊喜——自己飞上天空。

凤凰感应到太阳的愿意，在欣慰的同时，也默默流泪。因为它知道受伤后的太阳，身上的神气已散掉大半，唯有借助凤凰涅槃产生的巨大冲击力，才能使太阳的神气再次凝聚。

第二天，天还没亮，太阳就奋力向天上飞去，如凤凰所料，它怎么也打不开翅膀。凤凰知道自己涅槃的日子终于来到了。她从嘴里喷出一团巨大的火焰，在强大火力的冲击下，太阳终于打开了翅膀，快速向天空飞去。他看见笼罩在火焰中央的凤凰，即将燃为灰烬，他想去救凤凰，却因为巨大的冲击力，离凤凰越来越远。

凤凰用最后的一丝力气，向太阳告别："太阳，你是光明之神，只有你才能带给人们光明，你要记得你的职责……"。

看着渐渐变成灰烬的凤凰，太阳的眼泪打湿了整个大地，随着烈焰的熄灭，雨后的大地，呈现出一条条彩虹。彩虹下一群色彩斑斓的小鸟迎着太阳翩翩起舞。这些小鸟就是涅槃后重生的凤凰。

此后，每当清晨太阳升起之时，或雨后新晴，总有一群美丽的小鸟在第一时间来到太阳身边，与蝴蝶、蜜蜂在花丛中飞舞。它们鲜艳的羽衣，红、黄、蓝、绿色的羽毛，闪现着耀眼的光泽，人们称它们为"太阳鸟"，将这种小小的鸟儿喻为光明与希望的象征。

太阳感激凤凰为它作出的牺牲，每天的第一缕曙光，总是照在她涅槃的地方，人们将这座城市称之为"日照"。马齿苋因为曾经保护过太阳，所以，阳光照到它身上总是温柔的，这也是马齿苋晒不死的原因。

太阳鸟是一种非常小的鸟，它的体重只有5~6克，连尾羽在内，最大的身长不过15厘米。它常常与蝴蝶和蜜蜂混飞在花丛中。细长略微弯曲的嘴和管状长舌，可以直达花蕊深处，像蜜蜂一样吸食花蜜为生，如果遇到小甲虫类的昆虫或蜘蛛，也绝不放过开荤的机会。它们在吸食花蜜时，扇动着色彩艳丽的翅膀，将长长的嘴伸进花蕊深处，身子悬停在半空。这种高难度的动作，像极了美洲蜂鸟，所以，人们又把它誉为“东方蜂鸟”；同时，它又像蜜蜂一样，为植物传花授粉，因此，太阳鸟还是植物的“月下老人”。

每年的春季，是太阳鸟繁殖的季节。在这个时期，雄性的太阳鸟为了吸引异性的注意，更加好斗，羽毛也更加绚丽。

太阳鸟是一种园林中的小鸟，如果留心观察，在阔叶林、沟谷林或茶园中，常常见到它们出双入对的身影。它将巢穴筑在灌木丛中，巢穴像一个长柄梨子，整个巢用草茎、苔藓、枯树叶和木棉絮等野生植物纤维及毛、羽为材料编织构成，系于悬垂的横枝下面，里层敷以地衣、软细的木棉絮和细的草根等材料。

太阳鸟每次产2~3枚卵，卵是乳白色的，每枚大多1克左右，上边有细小的斑点。孵卵的大部分工作由雌鸟完成，雄鸟偶尔会随雌鸟来到巢边看望一下，便匆匆离去。经过半个月左右的时间，雏鸟破壳而出，在破壳的当天，雌鸟即出巢寻食喂哺。此后，雌鸟的工作更加繁重，每天要来来回回几十次甚至更多，直到幼鸟全部离巢，雌鸟才得以休息。

凤凰将美好的传说赋予在太阳鸟身上，可在雌鸟既当爹又当妈，辛勤哺育幼鸟的时候，雄鸟就像从地球蒸发了一样，极少见到它的踪影，不知道在鸟类的世界里，这种不负责的父亲是否会受到道德的谴责？

相关知识：

太阳鸟体型纤细，嘴细长而下弯，嘴缘先端具细小的锯齿；雄鸟中央尾羽特别长；两性异色。

自由的象征
——火烈鸟

英 文 名： Flamingo

分布区域： 分布于热带和亚热带地区。

保护级别： 列入《世界自然保护联盟濒危物种红色名录》易危级（1 种），近危级（3 种），低危级（2 种）。

火烈鸟的传说，是与楼兰古国联系在一起的。

楼兰古国建立于公元前176年，至公元630年神秘消失，其间共有800多年历史。这里曾经商旅云集，有宏大的寺庙、璀璨的文化、繁茂的集市，而今只留下了一片废墟。

相传楼兰古国的火种，是一种鸟儿为他们带来的。

这是一种体积非常大的鸟儿，它们出生后，等羽毛丰满，就不停地往南飞，飞到南焰山，让南焰山的天火将它的羽毛点燃，它们以此将火种带到楼兰古国，然后在天翼山化为灰烬。人们称这种为他们带来温暖和光明的鸟儿为火烈鸟，只是随着楼兰古国的消失，火烈鸟也难觅踪迹。

楼兰古国消失的原因，一直众说纷纭，这个暂且不提，而将火烈鸟寓为自由的象征，却确确实实与楼兰王子有关。当年楼兰王子因为嫉妒和暴虐，被禁锢在“通天塔”内，火烈鸟为了保护王子的安危，甘愿与王子一起接受神的惩罚也一同被关在“通天塔”内。

在“通天塔”内，每当有外敌侵入，火烈鸟的羽毛便火光迸现，全身都被耀眼的火光笼罩，显示出超常的神力。同时，它尖利的喙，也是非常有力的防守和进攻的武器，人们将它称为王的保护神。与王子一同受罚，虽是火烈鸟出于自愿，但它对自由的渴望，对新生活的向往，从未消减过，于是，人们又将它视为渴望自由、厌倦沉闷的象征。

时光已经过去了几千年，昔日的楼兰古国，早已在时光的流逝中，失去光芒，唯独火烈鸟的传说仍然为人们津津乐道，人们多么渴望这种美丽的鸟儿，在中华大地上再次重现。

时光到了2013年1月，在新疆石河子北湖，有人发现一只神奇的鸟儿，据目击者称，此鸟脖子细长，整个躯干呈现耀眼的红色，翅膀底部有黑色羽毛，飞翔时，其艳丽程度可与夕阳争辉。中科院的学者调查之后，得出结论，说这是一只迷途的火烈鸟，而我更愿意相信，这是楼兰王子的守护神在人们的召唤下重返家园。后来，人们又陆续在日照和山西运城的盐湖发现了它的踪迹。

虽然我固执地认为，无论是山西、日照的，还是新疆的火烈鸟，是遵循人们的召唤重返家园，但事实就是事实，新疆自此之后，再也没有发现过它的身影，日照也是如此。

唯有山西的运城，从2012年开始，截止到2016年，在这四年的时间里，火烈鸟的数量从最初的两只增加到八只，这是到目前为止在中国境内发现的最大的火烈鸟群。

火烈鸟又称红鹳、红鹤，高达80~160厘米，体型大小跟鹳差不多，全身羽毛以朱红色为主，特别是翅膀根上的羽毛，带着耀眼的光芒，远远看去，就像一团燃烧的火焰。

火烈鸟喜欢栖息在温热带的盐湖湖泊、沼泽及礁湖的浅水地带，以小虾、蛤蜊、昆虫、藻类等为食，是靠水而居的鸟类，人们会习惯性认为，它们会以鸟鱼类为食，但火烈鸟却从不吃鱼，有人说，它们害怕鱼，也有人说它们不愿与鱼争食，因为这有失优雅，更有的火烈鸟，只要水中有鱼，它们就会另觅他处。

说起火烈鸟进食的样子，它们不像其他鸟类一样，囫囵吞枣。寻找食物时，也不似其他鸟类那样，急躁迫切。它们纤细的双足，在水中信步而行，同时，将长颈弯下，头部翻转，一边走一边用弯曲的喙向左右扫动触摸水底的食物。觅食时，头往下浸，嘴倒转，将食物吮入口中，把多余的水和不能吃的渣滓排出，再将留在嘴里的食物徐徐吞下。这样的进食方式，在动物界中绝无仅有，它像一位优雅端庄的贵妇，时刻保持着餐桌的礼仪和良好的教养，因此，火烈鸟又有鸟中贵妇的美誉。

提到火烈鸟，仅仅一个“火”字，人们脑海中，自然而然地会想起它艳丽的羽毛。其实红色并不是它真实的颜色，刚刚出生的火烈鸟是白色的，幼小的火烈鸟羽毛只是稍微有一点点红色，随着年龄的增长，它们的颜色逐渐由白转

粉，再由粉转红，越变越深，最后它们无一例外地变成了我们眼中最亮丽的颜色。它们颜色越艳丽，说明它们的体格越健康。

火烈鸟羽毛颜色的变化，缘于它们的食物。它们所食均为水中浮游物，这些浮游物含有丰富的甲壳素。甲壳素是一种含氮的多糖物，是由许多低等动物特别是节肢动物，如虾、蟹等外壳的组成部分。年幼的火烈鸟，摄入的甲壳素很少，所以羽毛是白色或浅浅的粉红，当甲壳素摄入量逐渐增多，它们的颜色便渐渐发生变化。所以，火烈鸟颜色还与它的年龄有关，年龄越大，颜色越深。

展现在我们眼前的火烈鸟，通常是在水边优雅地漫步，其实它们绝对是一等一的飞行高手，它们的飞行高度，胜过鹰、鹫等空中猛禽，速度可以达到每小时50~60千米，并且以这种速度持续飞行数十个小时，虽然它们如此善飞，却并不是因为迁徙才具有如此高超的飞行本领，严格意义上的候鸟，只有当地环境不利于生存时，它们才会选择迁徙。

火烈鸟是喜欢群居的鸟儿，它们成千上万只生活在一起。在夕阳下，一只只艳丽的火烈鸟聚集在一起，红腿如林，一条条长颈交替蠕动，远远望去，像走进了童话中的梦幻森林，又像是一片燃烧的火焰，这也是它名字的来源——拉丁语有“火焰”之意。

火烈鸟性情温和，胆小机警，一旦发现敌情，便鸣叫着飞向天空，只要一只飞起，其余便会紧跟其后，边飞边叫。

火烈鸟的巢穴大多选择在三面环水的半岛形土墩或泥滩上，有时也在水中用杂草建筑一个“小岛”。筑巢时，先用尖尖的喙，把泥土滚成小球，再混入一些草茎等纤维性的东西，以此来增加巢穴的韧性，就这样，它们一层层地砌成上小下大，顶部为凹槽的“碉堡”式巢穴，这样的巢，坚固耐用。

群居的火烈鸟，它们的居住地像它们进食一样，显示出良好的素养。它们的巢都是整整齐齐地排列着，巢和巢之间，留有60厘米左右的排水沟，这样既有利于排水，也可以在孵化期间，自由进入水中觅食。它们群居的巢穴，远远看去像人类规划整齐的村庄。有些性急的火烈鸟，不等筑巢的泥土干透，就匆匆入巢产卵繁殖后代。

如此优雅的鸟儿，在筑巢期间，也会因为争夺“地盘”或因为筑巢的材料发生争斗。当然，它们的争斗不像其他动物那样血腥。

火烈鸟的卵是淡白色的，每次产1~2枚。孵化的任务，由雌鸟和雄鸟共同承担，当雌鸟孵鸟时，雄鸟是它忠实的警卫员，雄鸟孵鸟时，便雌鸟警戒。火烈鸟的孵化期一般是28~32天，幼鸟一旦出壳，便能下地行走，第2天就能下水游泳，4~5天就十分活跃了，但它们还是依靠吃鸟嗉里的分泌物生存。

刚刚出生的小火烈鸟羽毛是灰色的，腿也是灰色的，嘴并不弯曲。两个半月之后才会飞翔，一年以后，体型几乎跟成鸟一样大了，但羽毛的颜色要等到三年以后才能变成红色，变成红色的火烈鸟，才是真正的成鸟。

火烈鸟寿命非常高，通常在20~50年。2013年1月30日，在澳大利亚阿德莱德动物园辞世的一只火烈鸟，享年83岁。这样的寿命，在人类当中，也是高寿了。

火烈鸟固然高寿，但因为全球湿地面积迅速缩水，导致火烈鸟的生存岌岌可危。有一个值得欣慰的消息，现在上海野生动物园里也有了成群的火烈鸟。还有一个更值得欣慰的事，2015年有人在山西运城的盐湖发现，这里的火烈鸟有两两交颈的亲热动作，这表明，火烈鸟已经熟悉了这里的环境，要在这里谈婚论嫁了。2016年第一批出现的8只火烈鸟之中，有4只成鸟，3只是雏鸟，很明显这是一家子，还有一只成鸟，跟它们不是一家，因为在最初栖息时，它总是与另外的7只鸟拉开距离，后来才慢慢汇入其中。只是这一年还没到迁徙的季节，它们比往常提前两个月飞走了。有人说，火烈鸟是为了保护雏鸟才提前飞走的，也有人说，这一带在盐湖里捞盐虫的人比较多，它们受到惊吓，再就是食物的不充足，迫使它们提前离去。

在这两个原因之间，我更希望是前者，同时，也希望人们少一份贪念，给火烈鸟多留一份生存空间。

相关知识：

火烈鸟，又名红鹳、红鹤，颈和腿极细长。体型大小似鹳；嘴短而厚，侧扁而高，上嘴中部突向下曲，下嘴较大成槽状，自中部起向下弯曲，喙边缘有滤食用的栉板；颈长而曲；脚极长而裸出，向前的3趾间有蹼，后趾短小不着地；翅大小适中；尾短；体羽白而带玫瑰色，飞羽黑，覆羽深红，诸色相衬，艳丽异常。

神仙眷侣
——寿带鸟

英 文 名： Paradise-flycatcher

分布区域： 分布于亚洲和非洲多国。

保护级别： 列入《世界自然保护联盟濒危物种红色名录》无危级。

鸟是天空的精灵，是自由与美丽的象征，在这千姿百态的鸟儿之中，寿带鸟（也称绶带鸟），又独享“鸟中一枝花”的美誉。

拥有如此美誉的鸟儿，其颜值自然非同一般。在所有的鸟类之中，雄鸟的外貌普遍高于雌鸟，寿带鸟也不例外。雄鸟的头、颈和羽冠都具有深蓝色的光泽，身体中间的其他部分则呈白色，尾巴中央的尾羽要比它的整个身躯长三到四倍，像一条长长的绶带，因“绶”字与寿谐音，因此得名。

寿带鸟这条长长的尾巴，使它的整个身体长达25厘米。雌鸟的体长要比雄鸟短一些，大约18厘米。雌鸟无论羽冠还是尾羽，都要比雄鸟短，头、身体的颜色基本与雄鸟相近，只是尾巴比雄鸟短一半。

我们看到的雄寿带鸟，有白、紫两种颜色，这两种颜色的寿带鸟，并非不同的物种，它们也像火烈鸟一样，生长年龄不同，羽毛的颜色便不同。青年时期的寿带鸟，背部栗红色，胸部及腹部灰白色，尾巴也多是栗红色；老年的寿带鸟多为白色，在这一点上，寿带鸟似乎与人类相似。老年的寿带鸟其胸、背及尾均呈白色，并杂以黑色羽干纹。

在古代，绶带还是标志官阶的饰物，不同颜色的绶带，是官吏身份和等级的象征，人们将寿带鸟寓意加官晋爵，又因“绶”与“寿”同音，亦寓意长寿，故绶带鸟有福寿双全之意，被视为吉祥鸟。

在我国，对美好生活的向往，无非借助福寿双全或福寿如意等词语表达，其中最经典则属“福如东海水长流，寿比南山松不老”的对联。寿带鸟因为带有“寿”字，倍受人们青睐。尤其在明、清两代的青花瓷器中常见到“花卉绶带鸟纹图”。有了“寿”字，人们自然而然地想到了“福”字，于是，蝙蝠又成了首选，寿带鸟与蝙蝠合用的图案，称作“福寿双全”，或与蝙蝠、如意组成的图案，称为“福寿如意”。

除去寿带鸟的外表，它高亢、洪亮的叫声，与“求福，求福”的音调极其相似，因此，人们又将寿带鸟看似是求福的美好象征。

寿带鸟喜欢在山区或丘陵地带生活，它们栖息在树丛中，也有的将巢穴建在高高的树顶上。受到外界干扰时，选择放弃巢穴保护自己，特别在产卵初期更为严重，它们放弃原来的巢穴之后，在原巢附近重新筑巢。

每年五月到七月期间，清晨会在山间丘陵听到雄鸟的鸣叫，这是它们在求偶。大约一周之后，开始建筑新家，为繁殖后代做准备。寿带鸟的家像一个倒圆锥体，外壁由植物的花序、苔藓、羽毛、蜘蛛网等编织而成，里边则是由细草根、草茎、草叶等柔软的东西构成。只是它们建的位置并不高，也不隐蔽，因此常常遭到天敌和人为的破坏。它们的领域性非常强，如果发现别的鸟儿侵入它的

地盘，会立即将其赶走。曾经有一对强势的寿带鸟，为了与山鹡鸰争夺地盘，将它们赶出领地还不罢休，还把对方的巢穴拆毁。问题的关键是山鹡鸰营巢时，寿带鸟还未开始营巢，谁又知道那是它占下的地盘。

建好新家，寿带鸟也进入繁殖期。雌鸟每窝产2~4枚蛋，蛋是椭圆形的，颜色呈驼灰色，上边有栗色斑点，也有黄白色或灰黄白色的。寿带鸟在孵化和育雏方面，是夫妻共同进行。经过12~14天的孵化，小寿带鸟就出生了，出生以后，它们在父母身边生活10天左右，就能自由觅食生存了。

寿带鸟对子女的关爱，是无微不至的。小鸟出生后，雄鸟外出觅食，雌鸟守在一边，以防外敌侵入，雌鸟觅食时，则雄鸟守候。此时，新生的小鸟一个个粉嘟嘟的，而它们的爸爸妈妈日渐消瘦。

每逢风雨天，鸟爸鸟妈们更辛苦，它们一个觅食，一个蹲在巢中，张开翅膀为它们的宝贝挡风遮雨；遇到烈日当空，它们又要张开翅膀为小宝宝们遮阴蔽凉。

寿带鸟对居住环境卫生的要求非常严格，不像戴胜那样出淤泥而不染，它们的巢穴内绝不允许有杂物、异味。为此，在小寿带鸟没离巢之前，鸟爸爸鸟妈妈们为了保持清洁，常常将小寿鸟的粪便用嘴叼出巢外。在鸟类之中，如果要评五好父母的话，寿带鸟当之无愧。

寿带鸟主要以昆虫和昆虫的幼虫为食，甲虫、金龟甲、剑虻、蝉、粉蝶、蛾类幼虫、蝗虫、螽斯等都是它们的最爱，它们是森林中的捕虫能手，害虫的天敌，偶尔也吃少量的植物种子。

寿带鸟只做短距离的飞行，它的飞行好像是为了展示它长长的尾巴，绚丽多彩的尾羽，在阳光的照耀下，摇曳生姿。捕虫时，飞行的迅速非常快，喜欢在灌木枝头穿行跳跃，很少在地面上活动。

在我国，寿带鸟属于夏候鸟，春秋是它们迁徙的季节。迁徙时，曾经令寿带鸟引以为傲的长尾，因为在飞行时会产生阻力，影响飞行速度，此时已然成了累赘。为了减少阻力，雄鸟将平时视为珍宝的飘带毅然啄断，从而增进飞行的速度，这种壮举，有如凤凰涅槃般伟岸。

“得成比目何辞死，愿作鸳鸯不羡仙。”在这句古诗中，道出人们对爱情的渴望，渴望能像鸳鸯一样携手相伴终生，只是倍受鸳鸯蒙蔽的人们，不知道世上还有一种鸟，其对爱情的忠贞要比鸳鸯强得多，它们就是被称做“神仙眷侣”的寿带鸟。

相关知识：

寿带鸟中，雄鸟有两种色形，体长连尾羽约30厘米，头、颈和羽冠均具深蓝辉光，身体其余部分白色而具黑色羽干纹，中央两根尾羽长达身体的四五倍，形似绶带，故名。雌鸟较雄鸟短小。该类鸟体态美丽，体型似麻雀大小，每一种的雄鸟都有着非常长的两条中央尾羽。

告春鸟

——黄莺

英 文 名: Oriole

分布区域: 分布于欧洲、亚洲、非洲、澳洲的温带和热带地区。

保护级别: 列入《世界自然保护联盟濒危物种红色名录》低危级。

黄莺，又称黄鹂，因为羽毛华丽，叫声悦耳，倍受人们青睐，尤其在古诗词中，人们更喜欢用黄莺鸟寄托丰富的情感。“留连戏蝶时时舞，自在娇莺恰恰啼。”诗圣杜甫生活在唐朝由盛转衰时期，所以他的诗作大多反映了当时社会矛盾和人民疾苦，因此被誉为“诗史”，这首《江畔独步寻花》是他少有的明快的诗作之一。

以写讽喻诗见长的白居易也在鲜有的几首闲适诗中，用黄莺比喻春光的短暂。“几处早莺争暖树，谁家新燕啄春泥”中的一个“争”字，将其韶华易逝的心境描述得淋漓尽致。其实在这首诗中，还隐含了一个信息，因为黄莺是春时鸟，只有在春天才能听到它的叫声，所以人们又称它为告春鸟。

在贵州有一个用黄莺命名的小山寨，寨子的来历有一个美丽的传说。相传有三兄弟，他们生活的村子发生了瘟疫，村子里的很多人都染病身亡了。为了活命，他们想方设法逃出村子，一路向南走去，到了贵州境内，见这里的山腰上许多的怪石林立，山崖下是一片茂密的森林，还有一条小河在林间蜿蜒，河边的青草地上，不知名的花儿竞相开放，三兄弟感觉这样的景色，就是他们理想中的世外桃源。

他们决定在此居住，大哥还把老家带来的一棵树籽种在房舍旁边，渐渐地，树越长越高，越长越大，三兄弟随着大树的生长，成家立业，渐渐子孙满堂。这棵大树就成了孩子们游戏的乐园，也是大人们茶余饭后摆古之地。

有一天，有个姑娘因与恋人发生矛盾，恋人一气之下，离家出走了。姑娘万分后悔，想起心爱的人不知所踪，抱着大树大哭，树心里也好像发出呜呜的声音，头顶的枝条轻柔地拂着姑娘的脸庞，似乎在劝慰她。姑娘抬头向这棵大树看去，这时，从树心里飞出一只金黄的小鸟，在姑娘头顶盘旋片刻，然后向山外飞去。姑娘随着小鸟飞去的方向跟去，越过一座高山，又越过一条河流，最后来到一处断崖，小鸟鸣叫着，不肯再往前飞去，姑娘探头往山崖下一看，是她心爱的

人跌落在草丛中，生命正危在旦夕，姑娘赶紧找人将他救了出来。

恋人因此得救了，此事一传十，十传百，都知道这个寨子有棵神树，树里有只神鸟，可以感知人们的心事。人们只要有什么不顺心的事儿，都来与神鸟、神树诉说，平时在树下供奉着四时鲜果。春天，人们常常听到小鸟欢快的叫声，却极少见它们的身影。

有天早上，人们都在农田间劳动，忽然听到清脆的鸟叫声从树洞中传出，紧接着那只传说中的黄色小鸟儿飞出了树洞。这只从不轻易露面的小鸟，今天太反常了，难道有什么事情要发生？人们跟随着小鸟向山外走去。

不知不觉地爬过了九道山岗，越过九道山梁，山梁那边是一片开阔的地带。飞到这里，小鸟再也不见了。人们在失望之余，想顺来路返回时，却发现身后的村庄已经被滔滔洪水吞噬了。

既然原来的村庄回不去了，人们开始查看这里的地形，这里相比原来住的地方地势更加平坦，树木更加茂盛，还有一眼泉水正叮咚叮咚地流淌着。族人们决定在此处重新安家。逃出来的人们想起他们的救命恩人，这才知道，这只黄色的神鸟是名为"黄莺"的夏候鸟。为了纪念它，人们将这个寨子命名为黄莺寨了。

我们之所以很少见到它，因为黄莺的胆子太小了，小到它只隐藏在茂密的树林中，树顶都很少能见到它们，唯有根据叫声，判断它们的所在。黄莺的叫声，也只有在静谧的清晨才能听到，因此人们常常用“莺歌燕舞”描述生活中的静谧祥和。黄鹂鸟的叫声清脆婉转，富有弹音，还能变换腔调模仿其他鸟类的叫声。

五六月份，是黄莺求偶的季节。求偶时，雄鸟的叫声更加动听，以此吸引雌鸟。雄鸟和雌鸟常常一前一后在树丛中飞翔，选好筑巢的地点后，它们站在不同的树上对鸣，有时也同时在空中起舞。在《诗经》中的“嘤其鸣矣，求其友声”之句，则用黄莺来表达渴望朋友间的真诚相处。

五月到七月，是小黄莺出生的季节。新出生的小黄莺，全身都是肉红色，只有头和腰部有极少的绒毛。爸爸和妈妈一起担负喂养这些小宝宝。一窝黄莺多为四只，也有极少数三只或五只的，新出生的小鸟只吃新鲜的昆虫。

夜幕降临的时候，鸟妈妈和小鸟儿同在巢中安歇，鸟爸爸则到附近的树上边歇息边担任警戒。小黄莺出生后7天才能睁开眼睛，16天左右离开巢穴，自由活动。等到小鸟们独立生活的时候，也是它们南迁的季节了。在我国东北、华北地区，往南直到广东、云南等地，这里的黄莺都属于候鸟，只有台湾、海南的黄莺是留鸟。

黄莺南迁时，并不像其他鸟类一样，集体活动，它们是单独或成对，最多三五只一起。法国动物学家为了研究黄莺迁徙的路线，曾经做过实验，发现它们白天停落在枝头，一到夜晚就找不到了。由此得出结论，它们是在夜晚飞行的。我们知道，在白天飞行的鸟儿根据太阳的方位确定飞行方向，可在夜晚，黄莺是根据什么来确定方向呢？人类在夜晚利用星星辨认方向，难道它们也是吗？

为了证实这个推断，有位德国动物学家制作了一个大型天象仪，模拟黄莺飞行路线上的星空，当他转动天象仪时，黄莺会根据转动的方向立即调整飞行路线。动物学家又反复多次地进行了这一实验，结果完全一致。其他动物学家也进行了相同的实验，并且增加了更加复杂的内容。每一次实验，黄莺都会即时根据天象仪的变动，调整飞行的方向，通过一次次实验，证明黄莺夜间飞行，确实是靠星辰辨认方向的，并且，它们并不需要所有星辰，因为那位德国动物学家在模拟实验中，曾经将象征星斗的小灯泡陆续熄灭，最后只剩下三颗的时候，黄莺依然能根据这三颗星星改变它们的飞行方向。

虽然这只是一个简单的问题，但这些可爱的鸟儿是怎样学会这些天文知识的呢，是大自然赋予它们的本能吗？

相关知识：

黄鹂属是中型鸣禽。喙长而粗壮，约等于头长，先端稍下曲，上喙端有缺刻；鼻孔裸露，盖以薄膜；翅尖长；尾短圆，跗跖短而弱。体羽鲜丽，多为黄、红、黑等色的组合，雌鸟与幼鸟多具条纹。

树栖性，以昆虫、浆果为主食，鸣声洪亮悦耳。在水平枝杈间编织碗状巢，产卵3~5枚，主要由雌鸟孵化，孵化期13~15天，雏期约等于孵化期。

常见如黑枕黄鹂，俗称黄莺，在中国为夏候鸟。

反哺孝鸟

——乌鸦

英 文 名： Crow、Raven、Jackdaw

分布区域： 除南美洲、新西兰和南极洲外，几乎遍布于全世界。

保护级别： 列入《世界自然保护联盟濒危物种红色名录》。

“乌鸦反哺，羔羊跪乳。”因为这句话，乌鸦在传统文化中是以道德典范的形象出现的。小时候听老人讲故事，往往会讲到小乌鸦如何孝敬父母的，以此教育我们，长大后要像小乌鸦一样孝顺父母。我还记得小时候有首儿歌这样唱的：路过开放野菊花，飞来一只小乌鸦，不吵闹啊不玩耍，急急忙忙飞回家。它的妈妈年纪大，躺在窝里飞不动，小乌鸦啊，叼来虫子，一口一口喂妈妈。多懂事的小乌鸦啊，多可爱的小乌鸦啊，飞来飞去不忘记，妈妈把它养育大。

最近这些年，有人说这只是一个美丽的误会，原因是谁也没有见过成年的乌鸦，觅食喂养老去的父母。且不说因为没有见过，就推翻一个流传千年的传说，可取不可取，仅从生活意义上讲，将某种动物赋予特殊的意义，从而达到一定的道德高度，这比单纯枯燥的说教更易接受。

“乌鸦反哺”虽然是一个传说，但吃饱的乌鸦愿意将剩余的食物与同伴分享，这却是事实。记得有一次，在野生动物保护协会的年会上，著名画家刘忠臣老师讲过一个小故事，说他每次回老家，车边总是落着很多虫子尸体，开始他不明白怎么回事，后来发现是他院子里那窝乌鸦惹的祸。有一次，他无意间从窗子里看见一只小乌鸦，叼着虫子去喂车的反光镜时，此时，刘老师才明白，乌鸦以为反光镜里是它的同类。

后来有位摄影朋友告诉我，说他住所附近有一窝乌鸦，他常常去偷拍它们。有一次看见乌鸦在进食，当时没带相机，只能手机拍。没想到乌鸦看到它后，并没有像原来一样飞走，竟然叼着食物缓缓走过来，将食物摆在朋友面前，还抬头看着他，一副“吃吧”的表情。

开始朋友以为乌鸦跟他熟悉了，才跟他示好。后来他又带着相机来拍的时候，乌鸦又像往常一样飞走了，后来朋友仔细回想，觉得问题可能出在手机壳上，因为他的手机壳上是一个小鸟的图案。由此得出，乌鸦与同伴分享食物并非传说。

我们不需要依据过多理论，辩证小乌鸦到底会不会喂养自己的父母，在动物界中，能与同伴分食，已经很难得了，更何况谁也没看见小乌鸦不赡养自己的父母啊。

抛开这些不说，乌鸦是一种特别聪明的鸟儿。像鹦鹉学舌那样的智商，在乌鸦面前简直弱爆了。小学课本里有篇课文《乌鸦喝水》，曾有人质疑这是人类臆想出来的事情，虽然我没有见过乌鸦喝水，但却实实在在见过乌鸦用带杈的树枝从树洞里掏虫子的情景。

现在想起来，我的家乡真的是一块风水宝地，除去村庄后的滩河，村前还有一座名为“庙山”的山，山并不高，却是连绵起伏，植被茂盛，在茂盛的植被里面，藏着众多知名或不知名的动植物。

秋高气爽的日子里，去山上采一把山菊花或摘一把成熟的酸枣，是我们丰富课余生活的重要内容之一。

与乌鸦偶遇就发生在这样的课余生活里。记得那是个燥热的午后，我们在山上疯跑得又累又热，就找了个蔽荫又有厚厚落叶的空地上休息。山风从耳边吹过，夹杂着一两声清脆的鸟鸣，在寂静的山中，心逐渐安然，额头的汗也渐趋消失。

突然，头顶传来一阵“梆梆”的声音，抬头一看，头顶的树梢上，站着一只乌鸦，它正用长长的嘴巴啄树洞，啄了几下，没啄出什么东西来，它又在地上叼起一根树枝往洞里杵，还是没杵出什么东西来，我屏住呼吸，看它接下来怎么办。

出乎意料，它竟然放弃对树洞的攻击，而是转头向树梢的一根有分叉的树枝展开攻势，只见它猛地飞到树梢下，用嘴衔住树枝，身子一下子倒悬在树梢上，吓得我猛地一下张大了嘴巴，差点叫出声来。还没等我嘴巴合上，它再一次猛然起飞，重复上一次的动作，几次三番下来，它竟然将那块带有分叉的树枝折断了。它衔着那块树枝再次回到树洞前，小心地将一头伸进洞里，另一头依然叼在嘴里，旋转着脖子，使树枝在树洞里转动。没多大会儿，树洞里的虫子被它掏出来了。看着乌鸦大快朵颐的样子，我对它的智商由衷地赞叹。

关于乌鸦的智商，在日本流传最广的是乌鸦吃核桃的故事。核桃是乌鸦最爱的食物，可坚硬的核桃壳，却是小小的乌鸦无论如何也打不开的。怎么办呢？

日本一所大学附近的路口，常有乌鸦聚集在这里，细心的市民发现，这群乌鸦聚集在这里竟然等红灯。乌鸦过马路难道也要看红绿灯吗？答案肯定是：不，它们等红灯的目的是砸核桃。

红灯亮时，它们飞到地面上，把核桃放到停住的车轮下，绿灯亮时，核桃已被驶过的车子压碎了，这时，它们就可以饱餐一顿了。

如果乌鸦是一个孩子，它的性格肯定是外向型的。它天天张着又大又长的嘴巴鸣叫，如果你是一个喜欢清静的人，

如果你家附近恰巧又有一窝乌鸦，你的好日子就到头了。更何况乌鸦像人类一样，是喜欢群居的动物，不管哪里只要有一窝乌鸦，那么马上会有三窝、四窝，甚至更多。

乌鸦性情凶猛，虽然是杂食动物，可它对动物尸体却情有独钟。我见过乌鸦啄食生了蛆的死老鼠，其恶心程度令人发指。它因为食用腐肉和农业垃圾的坏习惯，对环境起着很好的净化作用，因此它又被称为“清道夫”。因为喜欢吃腐肉，常常在有死人的地方看到乌鸦的身影，所以又有乌鸦主凶兆的说法。

唐代以前，乌鸦在中国民俗文化中是有吉祥和预言的神鸟，有“乌鸦报喜，始有周兴”的历史名篇记载。无论是凶是吉，“乌鸦反哺”是儒家以动物形象教化人们的“孝”和“义”的工具，现代乌鸦又被冠以报忧不报喜、专门暴露不合理现象的勇敢斗士。一种名不见经传的并不美丽的鸟，却频频在人们视线中亮相，怎能不引起对它在文化意义上的思考。

翻开历史的篇章，看到的尽是乌鸦光鲜的一面：在西藏和四川地区，乌鸦是作为一种神鸟来崇拜的。在中原地区的武当山，把乌鸦奉为灵鸦，并在山上建有乌鸦庙，“乌鸦接食”是武当八景之一。在这些历史的背景下，虽然带有那么一丝灰色印迹，人们对它并没有特别排斥。只是它虽然有如此光鲜亮丽的一面，却因为残害农作物，仍是农民讨厌的对象。

乌鸦是留鸟，它们不同于候鸟，在春夏季节很难见到它们的身影，它们生活在低山、平原和山地阔叶混交的林地里，只有到了秋末季节，它们才往人类居住的地方聚集。目的只有一个，以人类的生活垃圾为食。

不知道是不是因为乌鸦的求偶比较复杂，还是因为其他，乌鸦是动物界中难得的一夫一妻制。求偶时，雄鸟要像耍杂技一样在空中飞行，若雌鸟有意，则回应以简单的叫声。若求偶成功，它们会一同将巢穴筑在高大的树枝上。建好巢穴的乌鸦，很快进入繁殖阶段，雌鸟每窝产蛋五到六个，由雌鸟孵蛋，在这期间，雄鸟会坚持不懈地喂养雌鸟。直到幼鸟出壳后由双亲共同哺育，大约一个月的时间，小乌鸦离巢飞出，自己觅食。

相关知识：

乌鸦是数种黑色鸟类的俗称，又叫老鸹。嘴大，喜欢鸣叫，性情凶猛，为雀形目鸟类中个体最大的。羽毛大多黑色或黑白两色，长喙，有的有鲜明的白色颈圈，黑羽具紫蓝色金属光泽；翅远长于尾；嘴、腿及脚纯黑色。

天下太平
——太平鸟

英 文 名： Waxwing

分布区域： 分布于欧洲北部、亚洲北部和中部及东部、加拿大西部和美国西北部。

保护级别： 列入《世界自然保护联盟濒危物种红色名录》低危级；中国《国家保护的有益的或者有重要经济、科学研究价值的陆生野生动物名录》。

太平鸟因为名字中带了“太平”二字，倍受人们喜爱。

在候鸟当中，太平鸟在我国是一种比较特殊的鸟。说它特殊，是因为几乎大部分候鸟，是春来秋走，太平鸟则是在我国过冬的冬候鸟。

太平鸟有大太平鸟与小太平鸟两种。大太平鸟体长20厘米，通体灰褐色，头上的羽冠，像一顶美丽的凤冠，有黑色的贯眼纹，两边翅膀斜贯一道白纹，尾巴上有十二枚黄色的尾羽，因此又有十二黄之称。说到十二黄，不能不提十二红，十二黄指大太平鸟，十二红指小太平鸟。小太平鸟的体长大约16厘米，除去黑色的贯眼纹绕过冠羽延伸到脑后外，它们最明显的区别则是小太平鸟尾巴末端是绯红色的。

古时候的十二红要比十二黄更受人们喜爱。那时闺房中的门帘常绣以十二红的图案作为装饰。清著名词人纳兰容若有一阙《浣溪沙》，开头第一句就是“十二红帘窣地深，才移刬袜又沉吟。”此句的意思是绣有太平鸟的红色帘幕垂挂在地上，刚刚移动了的脚步又迟疑起来。

南宋词人吴文英的《喜迁莺》中也有“万顷素云遮断，十二红帘钩处”之句，这里“十二红帘”则是深闺佳人的代指。由此可见，“丨二红”一词在我国流行至少百年以上，从这两阕词里也看得出古人对小太平鸟的喜爱。

其实红、黄均为吉祥之色，是生活中的人们更青睐于红色，还是因为黄色为皇家专用退而求其次呢?

直接描写太平鸟的则要数明代诗人杨基的《十二红图》：“何处飞来十二红，万年枝上立东风。楚王宫殿皆零落，说尽春愁暮雨中。”此诗以“十二红”为起笔，感叹朝代的更迭，世事的变迁。

其实早在宋代，有一幅名为《桃花山鸟图》的工笔画，画中的小鸟站在盛开的桃花枝头，头部华丽的凤冠，黑色的贯眼纹，以及尾部的末端都是艳丽的绯红色，毫无疑问，画中的小鸟就是名为十二红的小太平鸟。

太平鸟在繁殖期主要以昆虫为主食，到了万物萧瑟的秋天，只能以浆果为主食。它们在枝头摘取植物的果实，偶尔也在盘旋中采撷，然后整个都吞下去，它们是不会落到地面觅食的，飞到地面上的目的只有一个——喝水。

春天，没有植物的果实，昆虫也难觅踪迹，太平鸟便以植物的嫩芽、花、树汁为食。天气渐渐转暖，昆虫开始活动了，它们也从食素转为食荤了。

太平鸟的巢大多筑在水域附近，在这里它们更便于捕捉如蜉蝣、石蛾等水栖昆虫。夏天来临时，植物的果实渐渐成熟，它们又以果实为主。大自然像一个烹饪师，在每个季节都为它们准备了新鲜的食物。

太平鸟是一种喜欢群居的鸟，除去繁殖期成对生活，平常十余只或上百只在一起，假若其中一只鸟起飞，余者都会跟着一起飞翔。

停在树枝上时，彼此相互鸣叫，叫声婉转，节奏分明。

在每年的5月~7月，是太平鸟的繁殖期。它们喜欢在阔叶混交林中筑巢，巢一般建在不同高度的树木侧枝上，由细软的干松枝、枯草茎、苔藓等构成，里边铺着松针、羽毛等材料。

曾经听过一个关于太平鸟的传说，说金兀朮发兵大举进攻，宋高宗赵构君臣逃难，一路南下。他们马不停蹄，终于摆脱敌人的追赶，刚要下马安歇，却从林中飞出一只鸟儿来，在赵构面前“哇哇”大叫。一路奔波的赵构非常恼火，一把从卫士手中取过弓箭，朝这只鸟儿射去，谁知它脖子一伸，衔住了箭杆，朝南飞去。飞离射程之外，又站在树梢上冲赵构鸣叫起来。这一来，赵构更加生气，背上弓箭，上马直追，鸟儿在前边飞，赵构在后边追，余者士兵也不敢怠慢，紧跟着去护驾。

这只鸟儿带着赵构一行飞了三四十里地，一直越过一条无名岭，岭上密林丛生，山下丛林叠嶂。就在这时，山下一声炮响，众人回头一看，原来是金兵追来，他们见赵构跑进无名岭，怕有埋伏，才传令收兵，由此，赵构躲过一劫，后来赵构感激它的救命之恩，将此鸟命

名为太平鸟。

我的朋友在潍坊公园里多见过它们的身影，他观察到这是一种喜欢清洁的鸟儿。为了保持清洁，它们常常在浅水边洗澡，洗完之后，状如凤冠的小背头，软塌塌地贴在脑袋上，高贵华丽的样子不复存在，就像一只可怜巴巴的落汤鸡。可只要小脑袋一抖擞，身子一晃，过不了几分钟，又立即恢复原貌。

太平鸟非常耐寒，当然它更怕热，洗澡的目的，既是为了清洁，更是为了降温。很久以前，每年的冬天，太平鸟都要成群结队地来到我国过冬，前些年已经很少见到它们了。可喜的是，2016年有摄影爱好者在新疆的阿勒泰地区拍摄到上千只太平鸟集体觅食的画面，对于生态环境形势日益严峻的当下来说，这无疑是一个好消息。

相关知识：

太平鸟体长18厘米，翼展34~35厘米，体重40~64克，寿命13年。属小型鸣禽。全身基本上呈葡萄灰褐色，头部色深呈栗褐色，头顶有一细长呈簇状的羽冠，一条黑色贯眼纹从嘴经眼到后枕，位于羽冠两侧，在栗褐色的头部极为醒目。颏、喉黑色。翅具白色翼斑，次级飞羽的羽干末端具红色滴状斑。尾具黑色次端斑和黄色端斑。

平息风浪的鸟
——翠鸟

英 文 名： Kingfisher

分布区域： 广泛分布欧亚大陆及非洲，是中国的东北、华北、华中、华南、西南以及海南、台湾的常见留鸟。

保护级别： 列入《世界自然保护联盟濒危物种红色名录》低危级。

翠鸟是潍河边最常见的水鸟，我们亲昵地称它们小翠，老人们更喜欢喊它们钓鱼郎。钓鱼郎这个名字我不喜欢，听上去，像一个老气横秋的老头，跟它靓丽的外表一点都不相符。

小时候的潍河南岸，有大片大片的荷塘，荷塘是翠鸟最喜欢的去处，那里不仅有它们喜欢吃的小鱼小虾，还有迎风摇曳的荷花，临水照影的垂柳，它们的喜好就像它们的外表一样，美丽而有情怀。

我也喜欢那里，我喜欢荷花的清香，喜欢遮天蔽日的阴凉，更喜欢阒然无声的清幽。在那里最常遇到的便是小翠了。它以亭亭之姿立于荷花之上，腾挪跳跃着，一袭蓝绿色的羽毛，在洁白的荷花之间，闪耀着金属般的光芒，一双小而有神的眼睛，滴溜溜转个不停，稍有动静，便在倏忽之间不见踪影。

小翠捕鱼的速度非常快，前一刻它还在荷花中间练习轻功，眨眼间，已经叼起一条小鱼向着巢穴飞去。

小翠是孤独的，孤独到除了伴侣，不与任何的鸟儿为伍。它常常停在荷花或芦苇秆上，长时间一动不动，一副心事满怀的样子，我想它是喜欢而且享受孤独的。

这就是儿时我对翠鸟的印象。上学之后，当学到《翠鸟》这篇课文时，在内心中，竟仿佛是故旧重逢。课文中对翠鸟的描写，我都那么熟悉，熟悉得就像我的一个小伙伴。

小翠的嘴巴粗直有力，它能在坚硬的岩石上硬生生地啄出洞来。啄出来的这个洞，就是它的家。它们不像其他鸟儿那样，在巢中铺上羽毛、苔藓等柔软的东西，翠鸟就是在这样的“硬板床”上孵化后代。

雄鸟与雌鸟轮流孵化后代，经过三周左右的时间，小翠鸟出生后，喂养工作由妈妈承担。小鸟孵出来以后，鸟妈妈对小鸟是极其爱护的。冯梦龙在《古今谭概》中，有一篇文章是这样描写的：翠鸟先高作巢以避患。及生子，爱之，恐坠，稍下作巢。子长羽毛，复益爱之，又更下巢，而人遂得而取之矣。

意思是说，翠鸟做窝的时候，为了躲避灾祸，把窝做在高高的地方，后来小鸟孵出来了，翠鸟非常疼爱自己的宝贝，生怕它从窝里摔出来，就把窝移到稍低一点的地方。小鸟长出毛来了，毛茸茸的，更加可爱。翠鸟也更加喜爱自己的孩子，又把窝移得更低一些。然而，灾难也因此发生了——人们把它们都捉走了。

这个故事的寓意是盲目溺爱孩子，只会害了它们。从这个故事中，我却看到了伟大的母爱。我还记得小时候，母亲说麻雀孵小麻雀时，冬天热死一窝，夏天冻死一窝。那时候我还纳闷，冬天那么冷，怎么热死呢？夏天那么热，又怎么会冻死呢？母亲说，冬天老麻雀怕小麻雀冻着，把它们捂得严严实实的，结果就热死了；夏天，老麻雀又怕小麻雀热，一个劲儿地扇风，结果又冻死了。事实真假我没考证过，通过这件事，充分说明了这也是一份傻傻的母爱。

翠鸟爸爸并不负责小翠鸟的生活，可它对爱情是非常忠贞的，翠鸟属于一夫一妻制。一般在一个荷塘边，只能看见一对翠鸟飞来飞去。

三四月份，是小翠的求偶期，这个时候它们的叫声格外欢快，常常你追我，我追你，雄鸟更是为了求得雌鸟的爱恋，费尽心机，其中之一，便是努力捕鱼献给雌鸟，以此获取雌鸟的欢心。

小翠捕鱼，并不简单。鱼拥有敏锐的视力，可以察觉到光和影的细微变化，同时，体表的侧线可以察觉到水中最细微的变化，任何细微的动静都可以让它们迅速逃离，所以，如果想在水中空手捕鱼，是一件难度非常大的事情。

翠鸟能够顺利地捕到鱼，绝对是速度与智慧的完美结合。翠鸟在水面十米以上的高度，就知道猎物能察觉到它的存在，为了迷惑敌人，它必须长时间保持不动。一旦锁定猎物，就有计划地降低高度，当它下降到距离水面几米的高度，它必须保证猎物仍然对它毫无察觉，否则仍会前功尽弃。它入水的那一刻，也是最关键的时刻，随着利箭一样的喙插入水中，水面上激起一阵水花，在这电光石火的时间里，翠鸟成功了！

翠鸟衔着战利品飞回巢穴时，水面上只留下一圈圈涟漪。

印第安人视翠鸟为一种信使，是好运的标志。在希腊神话中，是平安幸福的寓意，传说风神有个女儿叫艾尔莎奥妮，意为海上女神。她嫁给了黎明女神的儿子——国王西克斯。两人非常恩爱，常常得意地说，宙斯与赫拉的爱情也比不过他们。这件事惹恼了宙斯和赫拉，他们决定要惩罚这两个不知天高地厚的年轻人。

于是在西克斯出海时，宙斯掀起狂风巨浪，将船打翻，西克斯溺水而亡了。消息传到艾尔莎奥妮耳朵里，她不顾风狂浪大执意去寻找西克斯，却是任她喊破喉咙也找不到了，伤心欲绝的艾尔莎奥妮不甘就此独活，跳下悬崖，追寻她心爱的人去了。

众神被他们的痴情所感动，将西克斯与艾尔莎奥妮双双变成翠鸟，从此永不分离。传说中，这对恩爱的夫妻，在海浪中抚育他们的孩子。艾尔莎奥妮的父亲——风神，因为眷顾他的女儿，每当它们筑巢繁殖后代时，他就平息风浪，让他的女儿得以平安生儿育女。

希腊翠鸟的繁殖期是每年冬至前后的两个星期，后人把这两个星期的时间，称为“平安时期”，希望它们可以在平静的海面上，继续他们的爱情故事。

在中国，翠鸟也是文人墨客所钟爱的。“花钿委地无人收，翠翘金雀玉搔头。”“鸳鸯瓦冷霜华重，翡翠衾寒谁与共。”“为君盛容饰，君看金翠无颜色。”……在翠鸟身上，历代的文人毫不吝啬地用自己的笔墨，抒写他们的情怀。

相关知识：

翠鸟属中型水鸟。自额至枕为蓝黑色，密杂以翠蓝横斑，背部辉翠蓝色，腹部栗棕色；头顶有浅色横斑；嘴和脚均赤红色。从远处看很像啄木鸟。因背和面部的羽毛翠蓝发亮，因而通称翠鸟。

食物以鱼类为主，兼吃甲壳类和多种水生昆虫。

长寿的象征
——白头翁

英　文　名： Chinese Bulbul

分布区域： 分布于中国、日本、朝鲜、韩国、老挝、泰国、越南。

保护级别： 列入《世界自然保护联盟濒危物种红色名录》低危级；中国《国家保护的有益的或者有重要经济、科学研究价值的陆生野生动物名录》。

前段时间，在网上看到这样一个段子：说好你我共白头，你却偷偷焗了油。刚读到时，感觉很好笑，后来又想起来，不禁在心里较了真，到底是人老发白焗黑了，还是迫不及待地未等人老先把头发焗白了？焗油的目的是怕容颜衰老，还是为了誓言更早实现呢。想到这里，不由想起了一种鸟——白头翁。

顾名思义，这是一种生下来就头顶白毛的鸟。白发，向来代指老人，在民间，把白头翁看做长寿的象征。清朝时期的瓷器上，常常以白头翁和牡丹作为装饰，寓意富贵白头。

因为这种天生白头的鸟儿太少了，民间就有了种种传说。记得上小学时，学过一篇课文，讲的就是白头翁的故事。说森林里有一种漂亮的鸟儿，因为不肯吃苦耐劳，直到头发白了，还是什么都没有学成，为了让它的后代记住这个教训，就把一头白发遗传下来，后来，人们就叫它白头翁了。

民间的传说，却是这样的：从前有对老夫妻，年过半百了，一直没有孩子。他们日思夜盼，总也盼不到。直到有一天，妻子做了个梦，梦见一个鹤发童颜的老婆婆抱着一个胖嘟嘟、粉嫩嫩的小女孩向她走来。醒了以后，把这个梦跟丈夫说了，丈夫说如果真有一个孩子该多好，妻子说这个梦太真实了，一定会实现的。

一年后，他们果然生下了一个小女孩，老来得子，两口子自然喜悦异常。他们给女孩起名叫银妹，意思是这是上天赐给他们像金银一样贵重的礼物，银妹被老两口宠上天去。在父母的万般宠爱下，银妹出落成一个水灵灵的大姑娘。只是好景不长，这一年，村子里流行瘟疫，银妹的父母在瘟疫中双双离去，只留下银妹孤零零的一个人。

父母去世以后，被娇惯坏了的银妹失去生活的来源，她想跟同龄的姑娘学插秧。可还不到一上午，就累得腰直不起来，她哭着说太累了，她还是学点别的吧。她看到邻居家的同伴在绣花，感觉这个活不错，不像插秧似的，太阳晒不着，还不用遭蚂蟥咬，她决定跟同伴学绣花。

好不容易绣了一下午，银妹头昏眼花脖子生疼，可看着自己绣的花，没有同伴的一半不说，针脚也歪七扭八的不成样子。银妹气极了，把花撑子一扔，回家了。

半年过去了，一年过去了，银妹什么也没有学成。有一天，她去山里采果子，有只画眉鸟，在她身前身后，不停地叫着“银妹笨蛋，变只鸟儿满山转。”银妹听着画眉嘲笑的叫声，想到自己什么都学不成，禁不住蹲地上长吁短叹起来。

从那以后，村子的人再也没见过银妹，倒是树林里多了一种白头顶的小鸟，人们说那是银妹变的，因为一出生头发就白了，人们称它“白头翁”。

两个故事，虽然版本不同，都是教导人们不管做什么，都不能拈轻怕重，半途而废。每当看到这样的故事，我常常会这样想，一只鸟儿因为出生头上的羽毛

就是白色的，被人们多种诟病，如果鸟儿知道，它们会怎么想？

其实白头翁是种很漂亮的小鸟，体长在17~22厘米之间，额头到头顶的羽毛是黑色的，富有光泽，两只眼睛上方到后脑勺是白色的，形成一白色的枕环，耳朵后边有一处白斑，白环与白斑在富有光泽的头部非常显眼，白头翁越老，头部的羽毛越白。

白头翁生性活泼，不怎么怕人，常在树枝间跳跃，或在相邻的林木间飞翔，通常不做长距离飞行，多数的白头翁是留鸟。长期生活在山区的阔叶林、丘陵地带，靠捕食林间害虫为食，偶尔也偷吃果园里的果实，以三到五只为一小群活动，只有在冬天，才会有十只以上的大群集体活动。

白头翁也是在春天繁殖，如果你看到一只白头翁单独站在突出的枝头或树顶上高声鸣叫，那是它在寻找伴侣，过不了多久，肯定会有另一只鸟飞过来，它们一唱一和，这是它们在互诉爱恋呢。表白成功，它们即从恋爱期进入到婚姻期了。

婚姻期的白头翁，首先要建立它们的领域。只是它们的领域面积并不大，巢喜欢筑在相思树或榕树上，在丘陵地带，则筑在领域内离地面不高的杂木林或树丛中。

在繁殖期，白头翁平均产卵一到两窝，每窝大约三四枚，经过半个月孵化，小白头翁破壳而生。刚出生时的白头翁，脑袋上的毛并不是白色的，而是灰色的，随着年龄的增长，越来越白，雄鸟要比雌鸟更白些。

刚出生的小白头翁靠父母喂养半个月，才能出巢觅食，这期间它们全部靠父母喂昆虫为生，直到渐渐长成，才会吃些果实一类的素食。

在城市中，人们把白头翁和麻雀、绿绣眼并称“城市三宝”，它们常常成群出现在校园、公园中，捕食大量的林业害虫，在这么大的功劳面前，它们偷吃果实的缺点，便可忽略不计了。

与相同体型的鸟类相比，白头翁的寿命并不短，大多在十到十五年之间，麻雀的寿命七到八年，燕子的寿命十到十一年。因此，把白头翁命名为长寿鸟，除去头白以外，与它的寿命也有很大关系。

对于这样一只蕴涵丰富的鸟儿，历代的文人墨客怎能放过它呢？元末明初的杨维桢曾这样描述：疏蔓短于蓬，卑栖怯晚风。只缘头白早，无处入芳丛。意思是说白头翁因为生来白头，只能卑怯地生活在山地丘陵，不能到花团锦簇的闹市中去。

明代罗亨信对白头翁是这样解读的：雨熟林擒半压枝，白头回首立多时。生来自有山翁态，不羡珍禽学画眉。同样都是白头翁，因为出发点不同，认知便大相径庭了。

我喜欢明代孙绪的“羽毛不预世间事，一任傍人笑白头”。

相关知识：

白头翁，又名白头鹎、白头壳仔（闽南语），是小型鸟类。额至头顶黑色，两眼上方至后枕白色，形成一白色枕环，腹白色具黄绿色纵纹。性活泼，结群于果树上活动。多活动于丘陵或平原的树本灌丛中，也见于针叶林里。性活泼、不甚畏人。杂食性，既食动物性食物，也吃植物性食物。

娇宠与禁锢的矛盾化身

——芙蓉鸟

英 文 名： Canary

分布区域： 非洲西北部附近、加那利群岛、佛得角群岛和马德拉岛等地。

保护级别： 列入《世界自然保护联盟濒危物种红色名录》。

如果单讲芙蓉鸟，可能多数人并不熟悉，如果说是金丝雀的话，相信大家都不陌生，甚至耳熟能详。它还有白玉、白燕、玉鸟等称呼，是一种非常名贵的笼养鸟，它身体娇弱，需要比其他鸟儿更多呵护和关注，这也是把它定义为娇宠与禁锢化身的缘由。它对环境的要求也非常高，17世纪的英国人，把它们放到矿井里检测空气质量。如果金丝雀安然无恙，说明矿井的空气质量合格，如果金丝雀死了，表示矿井的有毒气体已经超标。

在古代，金丝雀多用来形容皇宫里的妃子，她们看似生活品质很高，外表看似光鲜，其实内心孤单；现在多是指依附着男人，过着优渥的物质生活，因此被束缚、失去自由的女性。

中国的金丝雀是典型的舶来品，它的家乡在非洲西北海岸的加纳利、马狄拿、爱苏利兹等岛屿。19世纪40年代，我国开始引进。目前金丝雀主要有“山东种”“扬州种”和德国“罗娜种”3个品种。

野生的金丝雀与笼养的金丝雀长得并不一样，它们为了适应野外生存环境，羽毛肯定没有笼养的纯粹，叫声则更加自然和谐，虽没有人工饲养的专业，但那才是大自然的真正音符。

金丝雀的繁殖期比较长，从一月到七月，都可以繁殖。每窝产卵四到五枚，孵化任务由雌鸟来完成，经过两周左右的时间，小金丝雀破壳出生。刚出生的小金丝雀要靠爸爸妈妈喂养，直到两周以后，它们才能自己觅食，一个月之后，小金丝雀可以独自去寻找植物的种子和昆虫，作为它们的食物。

金丝雀虽然被形容为依附于他人生活的女人，却有一个极其凄婉的传说。

相传很久以前，有个国王，他有一个美丽善良的女儿，在她很小的时候，母亲就去世了。

传说中的继母也不能脱俗，总是心狠手辣。她用尽种种手段百般挑唆，破坏他们父女关系。国王为了让耳根清净，当然也是为了顺从王后的意思，答应将女儿送出皇宫，但条件是绝不亏待她。王后表面满口答应，内心却在算计着怎样尽快地除掉公主。

国王刚刚作出决定，王后立即将公主送到森林中的城堡里，同时，还派了十几个宫女照顾她。说是照顾她，其实是监视看押她。公主被送到城堡之后，虽然吃喝不愁，却不能迈出屋子半步。对于外面的世界，除了天上飞过的鸟儿，耳边吹过的风声，其余一无所知。

寂寞的公主只能趴在窗台上，看外边的风景打发时光。这样的日子，不知过了多久，公主的胳膊都磨出了茧子。有个侍女不忍心看着年纪轻轻的公主被如此禁锢，可她又帮不了她，只好给公主做了个软垫，铺在公主的窗台上。

有一天，有位王子打猎路过这里，他见到了被禁锢在这里的公主，她安然宁静又略带忧伤的样子，让王子的心狠狠地疼了起来，甚至有了将她拥在怀中，好好疼爱的冲动。这时，公主也发现了窗外身着黄色猎装的王子，一脸英气和眉目之间流露出的柔情，使她的心也莫名地跳动起来。

自此以后，王子天天都来公主的窗下，他们隔窗凝望，靠眼神传递心声。他们简单而又执着的爱情，将森林里的女巫感动了，她通过侍女送给公主一本皱巴巴的旧书，声称这是她送给公主解闷的礼物。

公主打开一看，里边落下一张纸条，上面写着：这是一本魔书，你只要从前往后翻，王子就会变成小鸟，如果从后往前翻，就会从鸟变成人。

公主立即跑到窗前，对着王子快速翻起来。只见王子的两只胳膊慢慢挥动起来，一上一下地拍动着，慢慢变成一只金色的小鸟飞起来了。

王子落到公主窗前时，公主立即将他捧在怀里，亲吻着他，王子也用尖尖的喙回应着公主。公主想起纸条上的话，立即将书快速从后往前翻起来。小

鸟这才重新变回身着黄色猎装的王子，他们立即相拥在一起。

从此以后，他们每天都以这种方式相见，彼此互诉爱恋。公主也因为王子的到来变得快乐幸福，红润渐渐浮上她失去血色的脸上。

这件事不知怎么被王后知道了，她派人将毒针放在公主窗前的软垫上。那是变成小鸟的王子降落的地方。不明就里的王子一落下来，立即被毒针刺伤，顿时，鲜血染红了黄色的羽毛，它强忍着疼痛，向窗外飞去。公主看着受伤的小鸟，内心万分着急，她立即把书从后往前翻，希望变回人身的王子能减轻痛苦，可变回人身后的王子，依然疼痛难忍，他怨恨地瞅了一眼公主，打马离去。

王子强忍伤痛回到皇宫，不久便不省人事。王子受伤而去，公主更加焦急，却又无可奈何，只能以泪洗面。此时，又一个女巫出现了，她在公主的耳边悄悄说了几句话，又塞到她手里一片草叶，随后摇着手里的一把破扇子把公主送到了城堡之外。

公主逃出去之后，经过几天跋涉，终于来到王子的国家，她求见国王，声称可以治好王子的伤，半信半疑的国王，命人将她带到王子面前，说如果她治好王子的伤，可以提出任何要求，如果治不好，就让她为王子陪葬。

善良的公主哪知这个女巫是她继母指使来的。她按照女巫的嘱咐，将手里草叶嚼碎了敷在王子受伤的地方。没敷药以前，王子只是昏迷不醒，敷上药之后，王子的呼吸却越来越急促，不一会儿便停止了呼吸。

王子死了，国王大怒。他命人将公主押到皇宫之外，派出弓箭手，活活将公主射死了。

王子死后，仍然心有不甘，他不明白公主为什么要置他于死地。他化为生前的黄色小鸟，鸣叫着向公主飞去，他要问问公主这一切都是为什么。公主看到王子变成小鸟，她也变成跟王子一样的小鸟，跟在王子身后，急切地鸣叫着向王子解释。

注意观察的人们早已经发现，金丝雀在求偶期间，并不是一帆风顺，它们要经历很长一段时间的交流，才进入恋爱期。它们浅黄色的羽毛，看上去娇嫩又惹人喜爱，人们便称它们为金丝雀，叫声婉转多变，是因为它们的误会太深，急着向对方争辩解释呢。

这个故事说明了金丝雀身体娇弱的原因。自古富贵子孙多灾病，何况它们一个是公主，一个是王子，它们不娇弱谁娇弱呢？

相关知识

芙蓉鸟，又名白玉鸟、金丝雀、玉鸟、白燕，是食谷类鸟。体长12~14厘米，羽色有黄、白、红、绿、灰褐色，黄色金丝雀的数量较多。刚出窝的幼鸟，两性羽色相同，难以鉴别雌雄。从成鸟外形上看，雄鸟体较大，尾较长，头较圆，头顶及全身羽色较深；雌鸟体较小，尾较短，头较尖细，头顶及全身羽色较浅。另外，鸣啭时喉部鼓起，上下波动，声音连续不断，悠扬动听的是雄鸟；雌鸟则鸣声单调。

比翼双飞
——相思鸟

英 文 名： Leiothrix

分布区域： 分布于中国、印度、尼泊尔、锡金、不丹、孟加拉国和缅甸等。

保护级别： 列入中国《国家保护的有益的或者有重要经济、科学研究价值的陆生野生动物名录》。

“珍禽小小，衔羽轻飞，猜应是、青陵香魄，看较浅、碧树金衣。春山路，私语啾啾，生怕分离。”这是清代李符描写相思鸟的词。自古至今，人们喜欢借双宿双飞的鸟儿表达对爱情的向往。

在唐朝，因为李德裕“君不见昔时同心人，化作鸳鸯鸟”之句，把鸳鸯定为爱情鸟。在元朝，因为元好问的“问世间，情为何物，直教生死相许？天南地北双飞客，老翅几回寒暑”，使得当时的人们把大雁视为忠贞爱情的象征。

明人叶宪祖的《相思鸟赋》序云：“鸟大如雀，朱味褐色，雌雄并栖，捕必双得，如纵期一，百里寻赴，名曰相思，职是之故。”意思是说两只相思鸟倘若一只下落不明，被逮，被抓，另一只相思鸟会不鸣不食，最终因心有牵挂，踏上找寻之路。

从此，相思的象征唯有相思鸟。据说相思鸟只要结为夫妻，从此便终身相伴、形影不离。若有一只离去，另一只也会郁郁寡欢、悲戚拒食，最后以身殉情。

相思鸟，别名红嘴玉、红嘴绿观音、恋鸟，在西方叫“乃丁格”（情鸟的意思）。在我国有红嘴相思鸟和银耳相思鸟，它们的外形基本相似，只是银耳相思鸟的头顶黑色，耳羽的颜色为银灰色，红嘴相思鸟的嘴巴是红色的，远远看去像衔着一枚小小的红豆，又像是涂着鲜艳的口红，所以才有红嘴玉、红嘴绿观音之称。

相思鸟的典型特征是嘴形粗健，长度大约是脑袋的一半，嘴尖稍微弯曲，翅尾相比较身体的比例，显得稍微长了一些；有的相思鸟是平尾状，有的像一把剪刀，而且外侧尾羽向外弯曲；尾巴上的羽毛像一把小小的扫帚。

从四月下旬一直延续到六月，是相思鸟的繁殖期。它们的巢在针叶林、常绿林、杂木林等各种类型森林的荆棘或矮树上，一般离地面0.5~1米的距离。巢像一个深深的杯子，巢外表以叶梗、竹叶、草或其他柔软物质夹杂少许苔藓构成，里边铺细根或纤细的草。每窝产卵三到五枚，卵呈浅绿色或绿白色，卵壳上依稀可见灰色和淡紫色粗斑，并有赤青色、褐色或焦黄色小斑点。

相思鸟喜欢成群活动，在常绿的阔叶林、竹林或灌木丛中，常常看到它们的身影。每天清晨，它们到山涧、溪谷鸣叫，等到太阳升起时，它们离开这里，飞往更高的山坡。它们在山坡上树丛下寻找白蚁、昆虫或虫卵，当然，植物的种子、果实、草莓等也不会放过，那都是它们喜欢的食物。

读书、看报或者钓鱼、下棋是人类的娱乐活动，相思鸟饱餐之后也有它们的娱乐活动，只是它们的活动比较单一，那就是飞到树林的中层或树冠上唱歌。尤其在繁殖期，雄鸟更要大显身手，它们在高高的树冠上，抖动着多彩的翅膀，亮起高亢的歌喉，以此获得雌鸟的青睐。雄鸟的叫声似“啼，啼，啼”或“古儿，古儿，古儿”。鸣唱时扇动双翅，耸竖体羽，声脆响亮，多变悦耳，听上去又像是“微归，微归，微归，微微归”，“骨里、句，骨里、句”……雌鸟则只能发出低沉单一的“吱吱”声。

相思鸟们一旦相爱，便再不分离。除去繁殖期，也可以说恋爱期间，它们单独或成对活动，其他季节多是成小群活动，有时也与其他小鸟混在一起。在鸟类中，相思鸟的胆子比较大，并不怎么怕人。只是繁殖期间有些羞怯，常躲在僻静隐蔽的角落。

关于相思鸟，还有一段才子佳人的佳话：传说在很久以前，有一个韩姓的老员外，四十多岁才生了个女儿，员外给她起名小翠，从小教她琴棋书画。到十六岁时，四邻八乡已经无人不知小翠是个美丽又聪明的女孩，只是情窦初开的她，并不懂得人世间的爱恨情仇。

有一天，小翠觉得心中烦闷，带着丫鬟到户外散心。此时，正好有一个过路的秀才在吟诗，小翠侧耳听去："孤身一人空飘零，每日独品月泣凌，只知天上宫阙乐，哪晓心间自悲情"。小翠一听知道这是一首自怨自艾的诗，她也随口应道："百花丛中独争艳，花艳无人赏花颜。唯有愁心寄明月，不知与谁吐真言"。

书生一听，有人跟自己对诗，还是一位漂亮的小姐，正要张口回应，此时员外发现小姐外出时间不短，打发人催小翠回家。小翠还没等到书生有所回应，就被员外派出的人带回了家。

自此，小翠就有了心事，天天趴在窗台上，希望能透过窗子看到书生。只是从那之后，书生像是从人间蒸发了一样。

再说书生自从小翠被家人带走之后，也是对小翠思恋不已，他到处打听，当他得知小翠是当地韩员外之女后，想想自己无钱无权，便知难而退了。

书生知难而退，小翠却不死心。此时来员外家提亲的人，踏破了门槛，小翠一概不答应。员外问小翠想找一个怎样的人，小翠说，她要抛绣球选女婿。员外更不答应，可架不住小翠不吃不喝、寻死觅活地闹。员外终于答应了，抛绣球那天，员外家被围得里三层外三层，小翠站在高高的台上，四下张望，她希望日思夜想的书生能够出现。

果然不出所料，在人群的最外层，小翠看到了她日夜牵挂的书生，她使足力气，把绣球抛向书生，绣球不偏不倚正砸在书生身上。员外见小翠选中的人竟然是一个穷酸书生，虽然怒火中烧，却又无计可施。

他们家的管家给员外出主意，让书生进京赶考，若能考上，小翠自然嫁给他，员外也有面子，若是考不上，也就别回来了。员外听了，觉得这是一个好计策，决定依计而行。

第二天，员外差人将书生叫来，给了他五十两银子，让他进京赶考。书生本来也有此意，听了员外的话，他找小翠告别，说让他求得功名再来娶她，小翠对他千叮咛万嘱咐，最后才依依惜别。谁知，书生离家千里之后，陪他一起进京的车夫起了歹心，趁他不备，一把石灰撒到书生眼里，趁机抢走了他的盘缠。

书生眼睛瞎了，盘缠又被抢了，赶考也无望了，他没脸回去，只能流落异乡，乞讨度日。却说小翠在家日日思夜夜盼，却盼来书生被害的消息，她急火攻心，一口鲜血喷出，再醒来之后，不说不笑，两眼发呆。不知什么时候，趁家人不备自己出门，再也没回来。后来有人碰到小翠，说她疯了。

再后来，有人在一个不知名的村子里，看见一个双目失明的瞎子，天天念叨着：百花丛中独争艳，花艳无人赏花颜。念叨完了，仰天长叹，小翠啊，你在哪里？

小翠呢，她靠着内心的直觉，一路向北，也来到了这个村子。一个风雪交加的夜晚，她在一个小山坡上，发现了冻僵的书生，手里紧紧握着临行时她送的香囊，只是，书生已经没有了气息。小翠把书生抱在怀里，企图用自己的体温温暖他，只是他们俩再也没有醒来。

第二年春天，这里出现了两只色彩斑斓叫声凄切的鸟儿，人们说这是小翠和书生变成的。他们生前不能结为夫妻，死后化身为鸟，从此双栖双归，再不分离，因此人们称它们为相思鸟。

相关知识：

相思鸟，栖息于平原及海拔1000米的小丘，活动于常绿阔叶林、灌丛和竹丛间。在中国内分布较广，西自西藏东南部，直到东部沿海各地，北自甘肃和陕西等省的南部，南到云南、广西、广东等。

相思鸟属有银耳相思鸟和红嘴相思鸟两种，中国均有分布，留居在长江流域以及江南广大地区，两种外形相似。红嘴相思鸟羽衣华丽、动作活泼、姿态优美、鸣声悦耳，颇受人们喜爱。

鱼者？狗者？鸟也
——斑鱼狗

英 文 名： Pied Kingfisher

分布区域： 亚欧大陆及非洲北部。

保护级别： 列入《世界自然保护联盟濒危物种红色名录》无危级。

前段时间，一条“寒号鸟不是鸟，而是复齿鼯鼠”的科普文，让我大跌眼镜，曾经在课本中出现的那个好吃懒做，最后在寒冬里冻死的鸟，竟然不是鸟。近日我又看到一串类似的段子：什么文昌鱼不是鱼；荷兰猪不是猪；树袋熊不是熊；栗喉蜂虎，既不是虎，更不是蜂；斑鱼狗，不是鱼，也不是狗，等等。

这里提到的斑鱼狗，确实不是鱼，也不是狗，而是一种翠鸟科、鱼狗属的鸟，全称是斑鱼狗鸟，它还有一个近亲，叫冠鱼狗鸟。它们两个长相极其相似。只是冠鱼狗鸟的头部有显著羽冠，像印第安摇滚歌手戴的头冠，而斑鱼狗没有，除去羽冠的区别，冠鱼狗就是大一号的斑鱼狗。

斑鱼狗是一种中型鸟类，体长27~31厘米，冠鱼狗将双翼打开体长在45~47厘米，体重有70~95克，它们通体都呈黑白斑杂状，尾巴是白色。在鸟类中，它们被称为大狗小狗，不知是谁将《诗经》里“草木萋萋，白雾迷离，有位佳人，在水一方”篡改成了“草木萋萋，白雾迷离，有对鱼狗，临水而居，黑白裹身，斑驳素影”。初听时，感觉很熟悉，仔细回想，又觉得不是那么回事，这才明白被带到沟里了。

我并不是一个喜欢较真的人，相信生活中存在的事情即有存在的道理，凡事不深究，看似随性，其实是没心没肺。只是我第一次看到斑鱼狗的时候，竟然突然产生了疑问，好端端的一只鸟，为什么有一个狗的名字呢？前边两个字，如果是叫斑鱼鸟倒是很好理解，斑，无非是身上长满斑点，鱼，可以理解为逮鱼、捕鱼之意，可它跟狗不要说八竿子，就是十竿子也不搭边。要说草原上有一种叫草原狗的啮齿类动物，因为它们的叫声，跟狗几乎一模一样，称它们为草原狗，似乎也说得过去。

冠鱼狗　　摄影：张洪起

冠鱼狗　　摄影：张洪起

可斑鱼狗，哪里跟狗搭边了，为什么叫斑鱼狗呢？为此，我翻阅了大量的资料，想找到它叫斑鱼狗的依据，最终结果还是徒劳。虽然我想要的结果没找到，却找到了一个跟它们有关的传说：

在希腊神话中，传说国王刻宇克斯和妻子哈尔库俄涅恩爱有加。在一次酒后，他们一起回忆过去，国王说，时光虽然憔悴了容颜，可岁月让感情更加深厚，他们虽然不是神仙，已经胜似神仙。妻子也感叹道，是啊，夫妻之间的信任，比任何东西都珍贵。你说天神宙斯吧，仗着权力大，每天寻花问柳，却又害怕妻子吃醋，常常遮遮掩掩。这样的生活，难道不累吗？

此话传到赫拉耳朵里，她对宙斯的行踪早就忍无可忍了，借着他们夫妻的对话，向宙斯兴师问罪，宙斯恼羞成怒，为了惩罚他们，发誓要把他们变成一对丑陋的小鸟。

在这个传说中，并没有找到我想要的结果，却有意外的收获。我曾想，色彩斑斓的鸟类世界里，缘何唯独它们是黑白色的？原来是受了宙斯的诅咒。

虽然斑鱼狗只有黑白两种颜色，却是人们非常喜欢的鸟，我记得有位摄影朋友说过："色彩愉悦人们的眼睛，黑白愉悦人们的心灵"，我不知道人们对它的喜欢，是不是因为它愉悦了我们的心灵。

斑鱼狗捕鱼是有绝活的，它们能够悬停在距离水面十多米的高空，眼睛紧盯着水面，一旦发现鱼群，立即从高空俯冲下去抓住小鱼，再迅疾离去。那华丽的俯冲，绝对胜过奥运跳水冠军。

斑鱼狗逮到小鱼后，或回到巢穴或苇杆上，左右猛烈摇头，直到把鱼摔死，才调整好鱼头方向，使鱼头面向它的嘴巴，一仰头把它们吞下。这种有条不紊，有秩有序的动作，谁能说它们没受过训练？

在鸟类中，大多数的鸟巢外表都用树枝、叶梗、草梗构成，里边再铺上柔软的羽毛、毛发之类的东西，使它们住起来更加舒服，唯有翠鸟是把巢穴建在悬崖上的，而且里边没有任何铺垫。斑鱼狗也属翠鸟科，它们的生活习性自然跟翠鸟有相同之处。我归纳了一下，斑鱼狗跟翠鸟除了巢穴内部一样，它们还都有悬停捕鱼的绝活。

斑鱼狗在河流岸边的砂岩上，自己掘洞为巢，里边无任何内垫物。每年的三月到七月，是斑鱼狗的繁殖期。在这段时间里，斑鱼狗尖声鸣叫，以此来捍卫自己的巢穴和配偶。它们生活在低山、河流、湖泊等开阔的水域岸边，成对或成群在水源附近或红树林中活动，它们是非常喜欢嘈杂的鸟类。

斑鱼狗每窝产卵三到六枚，大多在四到五枚之间，卵是白色的，有圆形，也有椭圆形。在孵卵期间，雌雄轮流工作。小斑鱼狗属于晚成熟的鸟类，刚出生时，它们的眼睛是看不见的，五天以后，才能睁开眼睛，长出羽毛。

长大后的斑鱼狗，雄鸟前额、头顶、冠羽、头侧都是黑色，缀以白色细纹；眼线和眉纹白色。后颈是黑白色条纹状，两边各有一大块白斑。背、肩及两翅的覆羽是黑色，有白色端斑，形成黑白斑驳状。飞羽黑褐色，初级飞羽基部白色，在翅上形成显著的白色翅斑。内侧次级飞羽除基部和端斑白色外，外缘缀有白色斑。腰和尾上覆羽白色，具黑色次端斑。尾白色，具宽阔的黑色次端斑。下体白色，胸具两条黑色胸带，其中前面一条较宽，后面一条较窄。两胁和腹侧具黑斑。斑鱼狗雌鸟和雄鸟相似，但她们只有一条胸带，且常常在中部断裂，在胸两侧具大型黑斑。

斑鱼狗虽然跟冠鱼狗是近亲，它们却老死不相往来，凡有冠鱼狗的地方，鲜少见到斑鱼狗的身影。

相关知识：

斑鱼狗是中型鸟类，体长27~31厘米。外形和冠鱼狗非常相似，通体呈黑白斑杂状，但体型较小，头顶冠羽较短。尾白色，具宽阔的黑色亚端斑，翅上有宽阔的白色翅带，飞翔时极明显。下体白色，雄鸟有两条黑色胸带，前面一条较宽，后面一条较窄，雌鸟仅一条胸带。白色颈环不完整，在后颈中断。具白色眉纹。

斑鱼狗主要栖息于低山和平原溪流、河流、湖泊、运河等开阔水域。

冠鱼狗是一种中等体型的鸟类。体长24~26厘米，翼展45~47厘米，体重70~95克，寿命4年。这种鱼狗头具显著羽冠。体羽黑色，具许多白色椭圆或其他形状的大斑点，羽冠中部基本全白色，只有少许白色圆斑点。

“误入佛门”的鸟
——三宝鸟

英 文 名： Oriental Dollarbird

分布区域： 分布于西伯利亚东部，东北亚，中国东北、华北、华中以及喜马拉雅山脉等地。冬季南迁至中国华南、东南亚和印度等地避寒。

保护级别： 列入《世界自然保护联盟濒危物种红色名录》无危级；中国《国家保护的有益的或者有重要经济、科学研究价值的陆生野生动物名录》。

在鸟纲中，专门有一个目，曰：佛法僧目。这一目的鸟类分布广泛，形态结构大小不一，生活方式也多种多样。这且不提，更匪夷所思的是，还有一种鸟，叫"三宝"鸟。

佛家三宝：一为佛宝，成就圆满佛道，是为佛宝；二为法宝，诸佛之教法是为法宝；三为僧宝，依着上述诸佛之教法，如实修行的出家沙门，是为僧宝。

三宝鸟，又叫阔嘴佛法僧。既然叫做三宝鸟，是因为它与佛结缘，还是它另有过人之处呢？再说佛家的诸多清规戒律，怎么会跟鸟扯上关系呢？

这里有一个天大的误会：公元806年，适值日本高僧空海大师，由中国回日本，在高野山建金刚峰寺，空海大师常常在深夜，听到一种鸟，发出"啵、泼、嗖"的声音，类似于当地日语"佛法僧，佛法僧"的声音，连续鸣叫有时达百余次。尤其是五六月份到八月份，从黄昏至黎明，叫声尤其频繁。伴随着这叫声，还有一种身体呈蓝色的小鸟在附近频繁出现。

时日渐久，空海大师以为这叫声是这种头阔、身体呈蓝灰色的鸟发出的，于是便将它命名为：三宝鸟。当时还为它做了一首《闲林七绝》：闲林独坐草堂晓，三宝之声闻一鸟。一鸟有声人有心，声心云水俱了了。

摄影：段学春

近代明治维新高松藩儒者藤泽恒也曾吟：缺月断云天欲晓，禅堂歌耳听啼鸟。人间得失梦给耘，三宝声中浑了了。

自此之后，三宝鸟声名鹊起，纷纷传说圣灵鸟非圣域不栖。于是，不知因鸟香火更盛，还是因香火旺盛此鸟得名，反正每年在它的繁殖期，常有好奇者来朝圣，听它们不可思议的鸣叫声。

此事直到1935年6月，才在日本揭开谜底，发出“啵、泼、嗖”鸣叫声的不是三宝鸟，而是东方角鸮，属于猫头鹰的一种。只是由于三宝鸟和角鸮两者均是夏候鸟，又一起迁徙，一起回归，人们才将角鸮的啭声，误认为三宝鸟了。这里边还有一个原因，因为三宝鸟美丽好动，角鸮却是夜行侠，它白天躲在森林的暗处，到了夜晚才活跃鸣叫。所以，让博学高识的空海大师都辨认失误，从而将它命名为三宝鸟。

这种误解，仅是从日本空海大师的《闲林七绝》计算，已是近一千二百年，以至人们将错就错，不再纠正。

在鸟类中，三宝鸟的羽毛最低调奢华，如一个低沉内敛的贵妇，全身以蓝色为主。头部是黑色，喉咙部位是一抹亮丽的蓝，其余部分则是灰蓝或是孔雀蓝，唯一亮点的颜色是它宽宽的嘴巴，说是亮色，其实也仅仅是暗红色而已，等到它成为成鸟之后，暗红色的嘴巴也会逐渐变黑，除去两只红色的小脚，全身没有一点亮色，它站在枝头时，如果不注意，很难发现它的身影。

在多彩的鸟类世界里，三宝鸟这种低调奢华的美，更令人记忆深刻。它们喜欢生活在林区边缘比较空阔的地方，因为那里更利于施展它们的绝技，不要小瞧这种体长仅30厘米的鸟儿，它俯冲的时候，有雄鹰一般的气势，尤其是捕捉食物时，或急驱直下，或急转直上，样子迅猛而决绝，平时飞行基本没有规律可循，或是胡乱在空中盘旋拍打着翅膀，看上去异常凶猛。其实它只是喜欢吃金龟子、蝗虫、天牛等食物的鸟儿，虽则如此，它的样子，仍然让小型鸟类望而生畏。

能令小型鸟类望而生畏的原因，并不完全取决于三宝鸟飞行的姿势，它还有一个特点，头大宽阔，嘴巴短而粗，再结合飞行时的气势，如雄鹰降临，怎能不令娇弱的鸟儿心生畏惧。

三宝鸟还有一个缺点，懒于筑巢，它将自己的蛋或产在喜鹊的巢中，或树洞里，或啄木鸟废弃的巢中。虽然它们懒于筑巢，却并不像杜鹃那样，让别人代为孵化。

三宝鸟的繁殖期在三月到五月之间，一年只繁殖一次，每一窝可以孵出三到四只小鸟，它们的蛋表面洁白具有光泽，在孵蛋期间，雌鸟雄鸟轮流工作，直到小鸟孵化出壳。

相关知识：

三宝鸟，又称阔嘴佛法僧，体长26~29cm，体重107~194克。通体蓝绿色，头和翅较暗，呈黑褐色，初级飞羽基部具淡蓝色斑，飞翔时更加明显。

在树洞、崖壁或岩石窟窿内繁殖，亦利用啄木鸟或喜鹊等旧巢作穴。

自带文化的素食主义者

——文鸟

英 文 名: White Java Sparrow

分布区域: 分布于日本、印度、缅甸、印尼、西非以及中国。

保护级别: 列入中国《国家保护的有益的或者有重要经济、科学研究价值的陆生野生动物名录》。

文鸟，又名爪哇禾雀，它也是若干侏形雀与梅花雀等似雀类的通称。最初的文鸟，只有灰文鸟，因此一提到文鸟，大家都知道所指的是灰文鸟，多次变异之后，现在有白文鸟、银文鸟、白腰文鸟以及黑文鸟等。

为什么说它是天生带文化的鸟呢？因为它背部灰色羽毛，与黑色尾羽，组成“文”字形状，人们因此称它文鸟。有个“文鸟之梦”的成语，出自《罗含传》，曰：

含少时昼卧，忽梦一鸟，文色异常，飞来入口，含因惊起。心胸间如吞物，意甚怪之。叔母谓曰：“鸟有文章，汝后必有文章，此吉祥也。”含于是才藻日新。（见《艺文类聚卷》九十《鸟部上·鸟》）

意思是说罗含年少时候，梦见一只色彩华丽的鸟儿飞入他的口中，从此以后，他文思大进。后来就用“梦中吞鸟”“梦鸟”“吞鸟梦”“吞彩凤”等词语谓才华出众的人或比喻文辞华美。

这个典故被历代诗人无数次引用，有唐朝李瀚的《蒙求》诗，诗曰：“罗含吞鸟，江淹梦笔。”李商隐也在《送从翁东川弘农尚书幕》的诗中道：“斯文虚梦鸟，吾道欲悲麟。”

灰文鸟是一种常见鸟，它的体型、个头跟麻雀相似，整体羽毛为灰色，头部黑色带有白花，两颊有白斑，灰文鸟的嘴比较大，嘴巴、眼睛和爪子是红色的，嘴巴短粗而尖。

文鸟是典型的素食主义者，植物的果实、草籽是它们的美食，当然也偷食人类的稻谷。大多数时候，它们数十只一起活动，为此，它们又有“十姊妹”的别称。它们也经常与麻雀纠缠在一起，搭伴飞到农田，偷谷啄稻。因为是留鸟，为害时间比较长，只是麻雀虽然偷食稻米，却也有啄虫除害的时候。文鸟于农业来说，只有过而无功，因此，一度被农民视为害鸟。如此看来，不管是农业还是林业，并不喜欢素食主义者。

文鸟的繁殖期非常长，除去炎热的夏季，在其他

任何季节，文鸟都可以繁殖，只是冬天孵化的时间要长一些。

文鸟每窝产五至八枚蛋，经过十八天左右孵化小鸟出壳，能成活的约四到六只。在孵化期间，雄鸟和雌鸟轮流工作，它们的分工非常明确，雄鸟上白班，雌鸟值夜班。小文鸟出生后，经爸爸妈妈四周左右喂养，开始独立生活。

文鸟是一种自立能力非常强的鸟，它们孵出后20天左右试探着自己出巢，一旦具备独立生活的能力，立即离开父母，自己另立门户，绝不啃老。

文鸟的繁殖期虽然很长，从它们的成活率来看，繁殖能力却是比较弱的，因为它们的父母在孵化期间缺少恒心和耐心，有的在孵化期间，一旦受到惊吓，就置它们未出世的孩子不顾，也有刚孵出几天的小鸟，因为外界的原因，被父母扔下不管了。

文鸟喜欢在平原及山脚下生活，也有的在村旁的树丛或稻田边栖息。它们的巢穴建在常绿的树上，曾经有人发现过一个有趣的现象，有文鸟巢穴的地方，经常会见到黄蜂的蜂巢。大黄蜂秉性凶狠，并且它的毒性非常大，只要被它蛰一下，立刻又红又肿。如果有人冒犯它们，它们一定群起而攻之，不要说是一只鸟，即使人或其他凶猛的动物，被蜇死的也不在少数。

文鸟为什么会选择与大黄蜂做邻居呢？经过多次观察，人们才明白，它是在寻求大黄蜂的保护。那么我们不禁又要问了，既然大黄蜂那么狠毒，为什么对身边飞来飞去的文鸟视而不见呢？生物界就是如此令人匪夷所思，此事也验证了一个千古颠扑不破的道理，凡事存在必有存在的道理。

这可以说是大黄蜂与文鸟多年生活在一起形成的信任，也可以说是彼此依赖。有大黄蜂的地方，其他物种不敢涉足，文鸟虽并不具备自卫能力，它们却有极好的视觉，一旦发现黑熊之类企图攻击大黄蜂的巢穴的大型动物，它们会大声鸣叫，以此提醒大黄蜂有外敌来侵，大黄蜂便会提前做好准备。

除此之外，文鸟有非常强的自制力。做为一个素食主义者，蜂蜜是它们最喜欢的甜点，可对于身边的美食，无论在什么情况下，它们从来不动一口，长此以往，它们和大黄蜂之间建立了高度信任。我常常想，如果人类在面对诱惑时，有文鸟的自制力，我们还有什么事做不成呢？

文鸟虽然属于弱者，却能找到强者的庇护，除了它超强的自制力，在大黄蜂保护文鸟的同时，文鸟对大黄蜂又何尝不是一种帮助？

许多时候，我们不可能永远是强者，即使做为一个弱者，也要像文鸟一样，与强者相处时，拥有自己的强项，才能更好地体现自己价值，从而捍卫自己的尊严。

相关知识：

文鸟，又叫禾雀、灰芙蓉、爪哇稻米雀、白芙蓉等。原产于苏门答腊、马来半岛、爪哇等地。世界各国都有饲养，中国在很早前就饲养过灰文鸟。野生文鸟的颜色较单一，经过人工的培育，现已有花色、白色和驼色。

逃避现实主义者
——鸵鸟

英 文 名： Common Ostrich

分布区域： 分布于欧亚大陆及非洲北部。

保护级别： 列入《世界自然保护联盟濒危物种红色名录》无危级。

“鸵鸟心态”是一种逃避现实的心理，也是一种不敢面对问题的懦弱行为。心理学专家通过研究发现，现代人面对压力大多会采取回避态度，明知问题即将发生也不去想对策，结果只会使问题更趋复杂。就像鸵鸟面对困难时把头钻进沙子里，心理学家将这种消极的行为称为“鸵鸟心态”。

鸵鸟虽是非洲的一个物种，我们对它却并不陌生，甚至是耳熟能详。说鸵鸟是非洲物种，只是近代的一种说法，在新生代第三纪时，鸵鸟曾广泛分布于欧亚大陆，在我国著名的北京猿人生活地——周口店，不仅发现鸵鸟蛋化石，还发现鸵鸟腿骨化石。这说明，鸵鸟也曾生活在我们国家，只是后来绝迹了，现在生活在中国的鸵鸟，多是从非洲引进的。

植物是鸵鸟最主要的食物，植物的根、茎、花、果，它都可以果腹，当然它并不是完全的素食主义者，如果遇到小动物，像蜥蜴、蛇、幼鸟等，它也绝不放过。

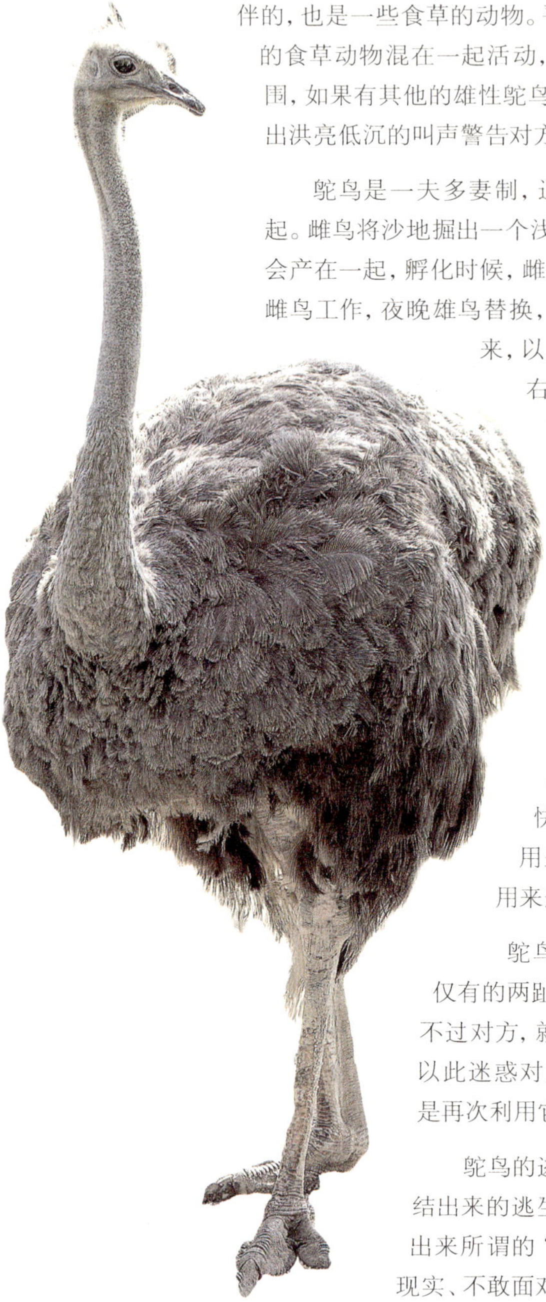

从鸵鸟喜欢的食物分析，它虽然体型较大，却是一种对其他动物没有威胁的鸟类，我们常常说，人以群分，物以类聚，鸵鸟也是如此，日常与它相伴的，也是一些食草的动物。平常时期是四五十只的鸵鸟，再加一些其他的食草动物混在一起活动，只有在繁殖期，雄鸵鸟要划分它的势力范围，如果有其他的雄性鸵鸟靠近它的势力范围，它会大声鸣叫，甚至发出洪亮低沉的叫声警告对方。

鸵鸟是一夫多妻制，通常一只雄鸵鸟跟三五只雌鸵鸟生活在一起。雌鸟将沙地掘出一个浅坑，作为它的巢穴。有时，几只雌鸵鸟的蛋会产在一起，孵化时候，雌雄鸵鸟轮流值班，它们跟文鸟正相反，白天雌鸟工作，夜晚雄鸟替换，有时候，它们会把被孵化的蛋用沙土埋起来，以此保持它们的温度。鸵鸟的孵化期在6周左右，在末期的几天，鸵鸟为了让它们同时出壳，会把早生出来的蛋滚到窝的边缘，用温度调节出生日期。

新出生的小鸵鸟很短时间内就能随父母到处走动，到三岁时，才是一只真正的成年鸵鸟。鸵鸟的寿命大多在50岁左右，在鸟类中算是长寿之星了。

鸵鸟以植物为食，没有水也能生活很长时间。作为世界上存活最大的鸟，鸵鸟失去了飞翔的能力，但它奔跑的速度非常快，每小时可达65公里。这么快的时速，鸵鸟用来做什么呢？说来可笑，它跑的这么快，是用来逃命的！

鸵鸟遇到惊吓时，充分利用奔跑的优势，展开仅有的两趾和强有力的大长腿开始逃跑，如果实在跑不过对方，就把头颈埋进沙丘，伪装成岩石或灌木丛，以此迷惑对方，倘若被对方识破，它还有一个绝技，就是再次利用它有力的双腿，猛踢对方。

鸵鸟的逃跑和将头埋进沙丘，是为适应自然环境总结出来的逃生经验，人类因此对鸵鸟大肆诟病，还总结出来所谓的“鸵鸟心态”。说什么鸵鸟心态是一种逃避现实、不敢面对的懦弱行为。

人们对鸵鸟心态，其实是一种误解。拥有世界上最大鸟之称的鸵鸟，只要它奔跑起来，还是足以将敌人撇开八条街的，除非遇到奔跑速度强于它的对手，它才会突然将头插进沙堆，脖子也跟着钻进去，它柔软细长的脖子，打个弯再向后转过来，把头从沙堆下面伸出来，弯向腹部，只把眼睛露在外面。此时，它的样子非常古怪。等穷追它的敌人赶到时，首先被它奇怪的样子整蒙了，不知它搞什么阴谋，也不敢贸然进攻。鸵鸟正好利用有利时机，展开它的铁腿功，将敌人踢得晕头转向，等对方清醒过来时，鸵鸟又跑得不知所踪了。

鸵鸟的这一行为，还有一个未雨绸缪的作用，它把头和脖子贴近地面时，可以听到远处的声音，从而判断所来是敌还是友，从而及早避开危险。除此之外，它细长的脖子，长时间挺立，也是极其疲累的，适当的将头贴近地面，可以适当放松颈部的肌肉，消除疲劳，也可以顺便吃上几口沙子，用来帮助消化。

相关知识：

鸵鸟是非洲一种体形巨大、不会飞，但奔跑得很快的鸟。它是世界上存活着的最大的鸟，高可达3米，颈长而无毛，头小，嘴扁平，翼短小，不能飞，腿长，脚有二趾，善于行走和奔跑。雌鸟灰褐色，雄鸟的翼和尾部有白色羽毛。生活在非洲的草原和沙漠地带。

鸟中大熊猫
——朱鹮

英 文 名: Crested Ibis

分布区域: 曾分布于中国、日本、俄罗斯、朝鲜等地，现已仅见于陕西省洋县。

保护级别: 列入《华盛顿公约》一级保护动物；《世界自然保护联盟濒危物种红色名录》濒危级；国家一级重点保护野生动物。

大约在一亿年前，朱鹮已经先于人类生存在这个地球上，它娴雅高洁、卓尔不群，是称为吉祥之鸟的鸟中仙子。就是这样一群美丽而古老的鸟儿，差点与人类失之交臂。

1963年，苏联境内最后一只朱鹮在哈桑湖灭绝；1979年，朱鹮在朝鲜半岛销声匿迹；1980年12月，日本境内仅存的5只野生朱鹮，为了保护繁殖它们，全部捕获进行人工饲养，可是至2006年10月最后一只朱鹮“阿金”死亡，日本朱鹮绝迹。

这是一组多么令人触目惊心的数据！是什么原因令它们的种族数量急剧下降？答案可能有多个，可再多的答案又有什么用，地球上已经很难找到它们的踪迹。

在各国朱鹮栖息地，都找不到它们踪迹的时候，人们将搜寻的目光聚焦到了地大物博的中国土地上，中国还有幸存的朱鹮吗？

朱鹮是一种稀有的鸟类，它在食物链中处于顶级位置。小鱼、小虾是它们喜欢的食物，温带的山地森林、丘陵地带，是它们赖以生存的环境，它们还有一个喜好，就是喜欢居住在邻近稻田、河滩、池塘等湿地地带。

循着这一足迹，从1978年9月，中国科学院动物研究所受国家林业局委托，开始寻觅朱鹮的身影。在近三年的时间里，经过五万多公里搜寻，终于在1981年

的5月23日，于秦岭南麓海拔1356米的陕西省洋县姚家沟内发现了两对成鸟，三只雏鸟。

也就是说，全球仅存的七只朱鹮都在中国，在陕西，在洋县。更可喜的是，这七只鸟儿之中，有三只是雏鸟，也就是说它们仍然具备繁殖能力。对于一个种族来说，这又是一个多么微乎其微的数字，但只要有一丝希望，就绝不放弃。在朱鹮最后的生存地，这群充满爱心的人们，把命运与朱鹮紧紧地联系在一起。

为了给朱鹮提供更好的生存环境，在朱鹮生活区域内，不得使用化肥、农药，禁止开山放炮，蛇是鸟儿的天敌，它们会偷吃朱鹮的卵和幼崽，为了保护它们不受蛇的侵害，这群志愿者们日夜守护，不惜把刀片绑在树干上，形成一个拦蛇阵，直到小朱鹮能够离巢自由飞翔，这样的守护，一守就是三年多。

功夫不负有心人，从最初发现的七只，到2008年时，数量已经达到二百多只，到2013年，世界上仅在陕西省洋县及其周边地区分布着近四百只野生朱鹮，其他所有人工种群都是这七只朱鹮的后代。

为这七只朱鹮，国家林业局、陕西省林业厅和汉中市政府联合拍摄了电影《汉中朱鹮》，日本演员高仓健出演男一号，影片讲述由高仓健扮演的男主角为保护日本圣鸟，不远万里来到中国汉中，为两国友谊作出巨大贡献的故事。

如今在洋县境内，人与朱鹮和睦相处的画面随处可见，这是洋县的骄傲，也是中国的骄傲。

从此，朱鹮像熊猫一样，它不仅仅是一只鸟儿，更是一种象征，是一架和平友谊的桥梁。1985年，日本从中国借了三只朱鹮，希望它们能与日本幸存的朱鹮结为夫妻，繁衍生息。可是随着日本朱鹮的死亡，这次国际联姻失败了。1998年，中国国家领导人向日本赠送一对朱鹮；2000年10月，中国再次将名为“美美”的朱鹮“借”给了日本。在中日友谊建设方面，朱鹮功不可没。

在日本，朱鹮被视为皇室圣鸟，它的拉丁学名：Nipponia Nippon，翻译过来则是：日本的日本，以国名命名为鸟名，足见朱鹮在日本所受的重视。同样，在中国，它们也是备受呵护和宠爱的。它们素来享有“东方宝石”之称，鲜艳的红冠和乌黑的长嘴，再加上细长的双脚，使它在鸟类中，拥有与众不同的颜值。

“翩翩兮朱鹭，来泛春塘栖绿树。羽毛如翦色如染，远飞欲下双翅敛。”这是唐代张籍描写朱鹮的诗句。当诗人看到翩翩起舞的朱鹮，它们柳叶型的羽冠在阳光下透着微微的亮，又怎能不令人怦然心动，于是他提笔写下了这首脍炙人口的《乐府杂曲·鼓吹曲辞·朱鹭》。

朱鹮在古代又称朱鹭，红朱鹭，是东亚特有物种。它们中等身材，羽毛为白色，额至面颊部的皮肤裸露着，呈鲜艳的红色，繁殖期间，它们用喙从颈部肌肉中吸取分泌出来的黑色素，涂抹到头部、颈部、上背和两翅羽毛上，使它们变成黑色。在繁殖期的朱鹮通体是白色的，头、羽冠、背和两翅尾巴缀有粉红色，飞翔时可看到它们的翅膀和尾下也缀有粉红色。

朱鹮是一种性格孤僻沉静的鸟儿，除了飞时鸣叫，其余时间都是沉默的。与它们沉默的性格一样，它们的行动也非常迟缓，飞行时翅膀的鼓动非常慢。沉默与缓慢是朱鹮的显著特征，也许不如此，不足以显示它们的尊贵。

朱鹮对爱情是绝对忠诚，它们一旦结为夫妻，倘或一方意外死亡，另一方绝对不会另娶或另嫁。春天是朱鹮的繁殖季节，当雄鸟和雌鸟结成配偶，便离开越冬时组成的群体，分散到高大的乔木树上筑巢、产卵。它们每窝产二到五枚卵，大多情况下是三枚。从四月份开始孵卵，孵卵的任务由雌雄共同承担，经过二十八天左右即可孵出小鸟。刚孵出来的小鸟，身体披有淡灰色的绒毛，脚是橙红色的。出壳之后，它们的父母轮流将半消化的食物吐出来喂养它们。有性子急的小鸟，会把长长的喙伸到父母嘴里啄取食物。刚出壳每天要喂食八九次，随着小鸟迅速长大和对食物的需求，后期要增加到十四五次。

朱鹮是一种对生存环境要求非常严格的鸟儿。它们不仅给孩子喂食物，还要清理它们的粪便。清理的方法是把巢内的铺垫物叼到巢外，使粪便能够漏下去，或者干脆把沾有粪便的铺垫物叼出去，直接换干净的。等到小鸟能够自由活动，经过四十五天到五十天的练习，小鸟才能具备离巢能力，完全能够跟随父母活动，则要到六十天之后，真正成长为一只成鸟需要三年时间。

在人文价值中，朱鹮给人类探索自然奥秘提供了不可多得的场所和机会，中国古代，人们认为朱鹮能带来吉祥，把朱鹮和喜鹊并列为“吉祥之鸟”。

相关知识：

朱鹮，古称朱鹭、红朱鹭，栖息于海拔1200~1400米的疏林地带，在附近的溪流、沼泽及稻田内涉水，留鸟，曾广泛分布于我国多地，现已仅见于陕西省洋县。秋冬季成小群向低山及平原作小范围游荡；4~5月开始筑巢，每年繁殖一窝，每窝产卵2~4枚，由双亲孵化及育雏，孵化期约30天，40天离巢，性成熟为3岁，寿命最长的纪录为37年。

愿为青云伴鸟飞

一花一世界，一鸟一天堂。

多年的“打鸟人”（打鸟是摄影爱好者一个约定俗成的词汇，意思是在很远的地方用长焦镜头拍摄鸟类照片）体验，使我对鸟这种有血有肉有灵魂的大自然精灵，有了深刻的感情。

人是大自然的一部分，鸟类同样是大自然的一部分，更是人类千百年来的朋友，鸟类在我们的生命中，是可愉悦眼睛的图画，如“几处早莺争暖树，谁家新燕啄春泥。”是可共情的友伴，像“感时花溅泪，恨别鸟惊心。”，等等。鸟和人，互为友伴，共同依存于自然中。

身体困顿中，忽然接诸城影友王宗海老师的电话，说唐合萍有一个创意太好了。及见面，听她谈及对野生动物特别是野生鸟类的款款深情，欲把生动的故事配上图片展示出来，以唤起更多人对大自然的热爱和尊重，这与我的初衷大有不谋而合之感。

遂不揣简陋，将十年来冒酷暑严寒积累的鸟片倾囊以授，任取所需。倘有一二片能使诸君赏心悦目之余，念鸟亦有道、人与自然密不可分，于愿已足。

感谢合萍，用优美的文笔给我们讲述精灵们的精彩故事；感谢所有喜欢本书的读者，让我们一同携手，善待每一个生命，珍爱世间万物，守护我们共同的家园。

臧运宁

2019年9月6日

文学与现实的意义

开始萌生创作这部作品的想法，源于2016年春天，诸城野生动物保护协会成立的时候。那年在丁洪亮先生和张博先生的倡议、时任森林公安局局长左志河同志的支持下，诸城市野生动物保护协会宣布成立。协会成立以后，通过各种形式开展对野生动物的保护活动，作为其中的一员，每次活动我都积极参加。

在活动中亲眼目睹了那些可爱的生灵，仅仅为了人类对味蕾的追求而惨遭屠杀。面对一幅幅惨不忍睹的画面，每次都引起我内心极大的战栗。常常想，我们为什么不能与动物和睦相处？为什么要一而再，再而三地捕杀它们？

是味蕾的需求还是人心的贪欲？我认为最大的原因，是缺少对大自然的敬畏。敬畏之心又从何而来？我们常说的一句话，无知者无畏。而无所畏惧的人，必然是一个无知者。

19世纪中期俄国作家、思想家、哲学家托尔斯泰也说过："一个人如果向往正直的生活，第一步就是要禁绝伤害动物。"

爱尔兰剧作家、诺贝尔奖获奖者萧伯纳曾经说过："动物是我们的朋友，我不会去吃我的朋友。"

我想起与志愿者们一起发放保护野生动物的宣传画册时，有人问我："麻雀也需要保护？"

"没听说獾是保护动物啊!"

在这些问题面前，开始我感觉很不可思议，即使没有列入被保护之列的动物，它们也与我们拥有同等生存的权利，更何况在地球的生物链中，各种生命休戚与共，任意践踏它们，是对大自然缺少应有的敬畏，是变相破坏人类的生态环境。

这样的话语，在每次活动中不知要讲多少遍，但听到的人毕竟有限。于是，我想有必要把它写成文字、汇集成册，告诉人们，动物也是大自然的一员，也是有情、有爱、有思想的，是与我们息息相关的朋友，我们不能伤害它们。

当我把这个想法告诉身边的朋友，他们都觉得这是一件极有意义的事，除了鼓励我，还在表现手法上，提出许多好建议。由此增加了我的信心，最终决定在科普野生动物知识的基础上，增加一定的文学性和趣味性，再插入一些摄影图片，使之读起来，感觉不到枯燥，从而让读者达到认识自然，敬畏自然的目的。

于是，我先以鸟类为主写起，在此书约成三分之一的时候，有文友问我，为什么要写这样的一本书？它的价值在哪里？他说，你目前最需要在文学方面有所提高，这部作品恰恰没有多少文学性可言，他不明白我为什么要在这本书上耗费时间。

朋友所言确是实话，我也一度犹豫，此书也因此被搁置了很长时间。直到2019年春天，《山东文学》原社长兼主编王良瑛老师问及此书的进展，我如实相告并将我的困惑一并告诉了他。

他说："你的文学修养的确需要提高，而这部作品的文学性也可能差一些，为这个原因就将此事放弃吗？这本书的主要目的，是倡导人们保护野生动物，这是一件关乎生态平衡的'大'事。"王老师的话，给了我再次提笔的信心。

翻开历史的篇章，一幕幕不堪回首的往事，赫然呈现在眼前。曾经生活在欧洲的大海雀，当地的水手常常捕杀它们作为船上的食物，直到1844年6月3日，最后一对大海雀在艾德尹岛上被一群水手杀死，连同它们还在孵着的卵也被踩烂了，从此，世界上再也难觅它们的踪影。

生活在北太平洋岛屿上的白眼眶鸬鹚也经历了和大海雀同样的命运。自从1741年11月，从西伯利亚渡过白令海峡远征阿拉斯加的俄国探险队发现了它们之后，这种肉多而又容易捕捉的鸬鹚成了过往水手、商人、渔民和猎人喜爱的食物。到1851年，最后一只白眼眶鸬鹚在艾吉卡门岛上被猎人吃掉了。

为了得到鲸鱼的油和肉，人类大量捕杀它们。看过《白鲸》的人，都记得巨大的抹香鲸被杀害的场景，即使现在，也有国家以研究为名，大肆捕杀它们。

人类的捕杀从来没有停止过，以前只是靠猎枪捕杀它们，现在枪支被严格管制，没有了猎枪，人们又改而投放农药、架设鸟网，其后果比使用猎枪更为严重。如此下去，地球上野生动物灭绝的日子还会遥远吗？当地球上只有人类的时候，我们又能生存多久？

从小父母就告诉我们，伤害野生动物会受到惩罚，并讲一些因为伤害它们而遭到报应的传说，虽然这些话带有迷信色彩，但综观全球，从1976年9月1日发现的扎伊尔埃博拉疫情；到1994年澳大利亚昆士兰州首府布里斯班郊区出现亨德拉病毒；再到1999年4月发现的尼帕病毒；直到现在还困扰着人类的艾滋病，不都与食用野生动物有关吗?这一切的一切，难道不是大自然对我们的惩罚？难道不应引起我们的警醒？

我不能再犹豫了，我当以笔为剑，以此唤醒人们对每一种生灵的爱护，唤醒人们的社会责任感。

生活在这个丰富多彩的世界里，我们有责任和义务关心、保护每一个生灵。

在此书将近完稿之际，我认识了一位痴迷鸟类的摄影师——臧运宁老师。他高度肯定了此书的社会意义，表示将尽最大努力配合我完成此书，这与我的初衷一拍即合。

尤其令我感动的是，国家林业局原局长赵树丛老师听说后，专门为此书撰写序言，并说保护野生动物事业，是热爱自然的事业，也是他所热爱的。既然有这么多老师和朋友鼓励我，支持我，给予我信心和勇气，我还有什么理由犹疑？

感谢诸城市野生动物保护协会，是协会的老师们带我了解目前野生动物的生存现状并萌生撰写此书的动机，从而使我具有更加强烈的社会责任感。同时，在本书即将出版之际，谨以此文，向我的老师、朋友和喜爱这本书的读者，致以真诚地感谢！

唐合萍

2020年2月19日